Inhalt

Geleitworte der Herausgeber

Otto der Große und die Romanik in Sachsen-Anhalt

›Romanik in Sachsen-Anhalt‹ ist auch elf Jahre nach dem Fall der Mauer immer noch ein Geheimtip. Die Deutsche Zentrale für Tourismus hat das Jahr 2001 dem Thema ›Glanz der Romanik‹ gewidmet, und das Bundesland Sachsen-Anhalt hat sich als Station der großen Ottonenausstellung des Europarates in Magdeburg, mit dem Ottonenzug und anderen Veranstaltungen auf das ›Ottojahr‹ vorbereitet. Erinnert wird an Otto I., einen sächsischer Kaiser von europäischem Format, der mit Recht als Begründer des heutigen Europa gelten darf. Nach ihm, der schon zu Lebzeiten ›der Große‹ genannt wurde, ist eine Dynastie benannt, die ›Ottonen‹, oder auch ›Liudolfinger‹. Sie hatten die nach Karl dem Großen genannten Frankenherrscher, die Karolinger, abgelöst und dehnten das Herrschaftszentrum des ostfränkischen Reiches 300 Kilometer weiter nach Osten, in das Gebiet der heutigen Bundesländer Niedersachsen und Sachsen-Anhalt aus.

Die Deutsche Stiftung Denkmalschutz begrüßt die touristische Kampagne des Landes, denn diese unterstützt unser Anliegen, die Menschen auf das kulturelle Erbe aufmerksam zu machen. Wer Sachsen-Anhalt bereist, wird von der Schönheit der Burgen, Dome und Dorfkirchen schwärmen und die Weite der Landschaft genießen. Diese geschichtlich und kulturell überaus reiche Kulturlandschaft birgt die Wurzeln mittelalterlicher Baukultur.

Die Denkmalpfleger der damaligen DDR hatten es phasenweise ungleich schwerer als ihre Kolleginnen und Kollegen im Westen. Dennoch ist es ihnen durch beharrliches und kluges Vorgehen gelungen, die nirgends sonst so dichte Bautengruppe romanischer Denkmale so zu erforschen und zu pflegen, daß Sachsen-Anhalts Landeskonservator Gotthard Voss am 7. Mai 1993 eine ›Straße der Romanik‹ eröffnen konnte. Inzwischen begeben sich jährlich über eine Million Menschen auf die fast tausend Kilometer lange Route mit 60 Orten und 72 Bauwerken. Dadurch treten diese allmählich auch in das öffentliche Bewußtsein. Sanfter Tourismus und Denkmalpflege ergänzen sich auf ideale Weise – von dem gefürchteten Massenandrang keine Spur! Dieses Buch versteht sich als ein Einstieg, die stimmungsvollen Räume mit Respekt erzählen zu lassen.

Ihr Gottfried Kiesow

Professor Dr. Gottfried Kiesow
Vorstandsvorsitzender der Deutschen Stiftung Denkmalschutz

Als Geschäftsführer sind wir für die effektive Förderpolitik der Stiftung verantwortlich. Unsere Statistik nennt seit der Wende 1990 über 1.800 Kulturdenkmale, die wir mit über 500 Millionen DM in ganz Deutschland unterstützt haben. Von den mehr als 250 geförderten Baudenkmalen im Land Sachsen-Anhalt zählen über 45 zur Gruppe der hier vorgestellten romanischen Denkmale (s. S. 142).

Dazu gehören neben den bestaunenswerten Großbauten, die für die Entwicklung der romanischen Baukunst eine Schlüsselfunktion haben, wie etwa Quedlinburg oder Magdeburg, ebenso die vielen Dorfkirchen, die für die Dorfbewohner von unschätzbarer Bedeutung sind und zugleich ein anrührendes Zeugnis darüber ablegen, wie sich der aristokratische Baustil des sächsischen Königshauses auf dem Lande ausgedrückt hat.

Unsere tägliche Arbeit vor Ort bestätigt immer wieder: Nur wenn Bürger und Politiker von den baulichen Schätzen erfahren, die mitten in unserem Lande stehen und doch oft nur Fachleuten bekannt sind, nur dann sind sie auch bereit, sich für ihre Bewahrung einzusetzen.

Wir wünschen Ihnen, liebe Freunde der Romanik, daß Sie dieses Buch neugierig macht auf die Originale! Es möge Sie anregen, einzutauchen in das frühe Mittelalter, eine Zeit, aus der besonders in Sachsen-Anhalt unschätzbar wertvolle, großartige Baudenkmale erhalten sind. Bleiben Sie an unserer Seite, damit wir gemeinsam dieses großartige baukulturelle Erbe bewahren.

Dr. Robert Knüppel und Gerhard Eichhorn
Geschäftsführer der Deutschen Stiftung Denkmalschutz

Die Chorschranken der Liebfrauenkirche in Halberstadt gehören zu den spätromanischen Bildwerken des Mittelalters (s. S. 82 ff.). Das Foto zeigt als Ausschnitt die Figur der Muttergottes mit geflochtenen Zöpfen. Auf der Oberfläche dieses Stuckreliefs sind noch alte Farbreste erhalten.

Die Deutsche Stiftung Denkmalschutz trägt durch Spenden und Stiftungen zur Bewahrung von Bauten und Ausstattungsstücken wie den Halberstädter Chorschranken bei.
(Straße der Romanik Nr. 31)

Saaletal bei Rothenburg

Vorwort der Autorin

Ein Danke an die Sachsen-Anhalter

Dieses Buch ist für Leser gemacht, die Fragen haben. Es will nicht die Fachleute ansprechen, die sich mit der neuesten Datierung einzelner Bauphasen beschäftigen, sondern Reisende, die etwas verstehen wollen: Etwa, warum sie entlang der Elbauen, hoch über den Weinbergen an Saale und Unstrut mittelalterliche Gebäude in hoher Anzahl und Qualität finden. Die sich fragen, weshalb in Sachsen-Anhalt die Dörfer in der Landschaft so anders, ursprünglicher aussehen, wenn man auch dieses Anderssein schwer ausdrücken kann. Und warum es gerade hier so viele weiträumige Burgen, Klosteranlagen und schier unendlich viele bezaubernde alte Dorfkirchen gibt.

Wer einmal diese geschlossene Bautengruppe romanischer Kunstwerke erlebt, statt sie nur auf Fotografien zu sehen, wird es der Autorin nachsehen, daß sie sich an dieser Stelle ein persönliches Wort nicht versagen kann. Denn dieses Buch verdankt sich vor allem dem Staunen über die Großartigkeit der romanischen Baukunst, das sich in Respekt und Dankbarkeit verwandelte.

Jeder schnelle, prüfende Blick eines Kunsthistorikers ›aus dem Westen‹, wird ›im Osten‹ ungefragt eine Lektion darin erhalten, was auch im 21. Jahrhundert mit Demut gemeint sein kann. Denn daß wir die mentale und körperliche Anstrengung, die Phantasie und Kunstfertigkeit der Menschen vor achthundert bis tausend Jahren heute noch an ihrem originalen Standort (und nicht als Computersimulation und nicht als Fragmente im Museum) erleben, verdanken wir einer Kette von Generationen, die sich für ihre Rettung und Pflege eingesetzt haben.

Dazu zählen nicht zuletzt die behutsamen, fachkundigen und meist langjährigen Maßnahmen der Denkmalpfleger in der DDR. Die Denkmalpfleger am Institut in Halle hatten sich der Erforschung und Bewahrung der romanischen Bauten in Sachsen-Anhalt verschrieben. Nicht zu vergessen sind Hunderte nicht nennbare, oft ältere Personen, die in den pfarrerlosen Gemeinden heutzutage dem Unbekannten freundlich ihre Haustüre öffnen und den Kirchenschlüssel geben, und die dem Besucher Hintergründe erzählen, die in keinem Buche stehen.

Architektur ist nicht zu verstehen ohne landschaftliche und wirtschaftliche Bezüge. Menschen errichteten die Bauten, andere Menschen kümmern sich heute darum, daß sie gepflegt und zugänglich sind. Von ersteren, den Sachsen, wird das folgende Buch erzählen. Letzteren fühlt sich die Autorin bei ihren Ausführungen besonders verpflichtet. Burgen, Dome, Häuser und Kirchen unter dem Druck von Arbeitslosigkeit, Unsicherheit, Abwanderung der Jugendlichen in westlichere Städte und finanziellen Nöten zu erhalten, verdient Respekt und Dank.

Sachsen in Sachsen-Anhalt?

Die Verwirrung könnte kaum größer sein: Zu verstehen ist noch, daß man die Romanik als ersten internationalen ›Stil‹ in Westeuropa bezeichnet und daß mit der ›ottonischen‹ Architektur im 10. Jahrhundert der Auftakt zur Romanik beginnt. Doch wieso gehört die nach Otto dem Großen genannte Herrscherfamilie zu den ›Sachsen‹, deren Herrschaftsgebiet im heutigen Sachsen-Anhalt liegt?

Die Antwort ist einfach: Die damaligen Könige machten nicht an den Grenzen der heutigen Bundesländer Halt, und niemand verordnete oder definierte, fortan ›ottonisch‹ zu bauen. Ottonische Architektur und deren Nachfolgebauten finden wir heute in westdeutschen Städten wie Köln, Essen, Soest, Hildesheim und Paderborn, aber nirgends in einer solchen Dichte wie im östlichen Niedersachsen und vor allem in Sachsen-Anhalt.

Niedersachsen machte durch die touristische Route ›Wege zur Romanik‹ auf seine Baudenkmale in Braunschweig, Hildesheim, Salzgitter, Goslar und Königslutter aufmerksam. Sachsen-Anhalt eröffnete 1993 eine fast eintausend Kilometer lange Route in Form einer liegenden Acht, in deren Schnittpunkt die Landeshauptstadt Magdeburg liegt. Man nannte sie die ›Straße der Romanik‹.

Eine Landkarte, die die strategisch wichtigen Flüsse und Gebirge zeigt, veranschaulicht, warum wir heute noch so viele romanische Großbauten entlang der Elbe, Saale und Unstrut finden. Zu bedenken ist auch, daß das Gebiet des heutigen Sachsen-Anhalt vor tausend Jahren dichter besiedelt war. Romanische Architektur ist Herrschaftsarchitektur. Sie setzt eindeutige Zeichen in die Landschaft, für die eigenen Leute wie für die Gegner. Flüsse bedeuteten Grenzen, oft lange umkämpft, und daher als Grenzlinie zu befestigen. Aus der Ferne sichtbare Burgen und Klöster wirkten als Bastionen, die unmißverständlich angaben, daß dort bereits jemand Besitzansprüche erhoben hatte und man sich möglicherweise in Feindesland befand. Wer aber kämpfte gegen wen?

Ottonische Architektur ist Herrschaftsarchitektur

Die Bauten selbst geben noch heute eine klare Antwort. Es sind Stadtkirchen, Bischofskirchen (Dome), Klöster und Burgen: Zeichen der Sieger. Es siegten entlang der Havel, Elbe, Saale und Unstrut nach jahrzehntelangen erbitterten Kämpfen Christen gegen Nichtchristen, frankisierte Sachsen gegen Slawen. Wer die Dome in Havelberg und Magdeburg,

Das christianisierte Reich Karls des Großen bildete die Grundlage für das Reich Ottos des Großen. Beiden ist gemeinsam, daß sie an das antike Weltreich mit Rom als Zentrum anknüpften. Der Aachener Dom mit dem Karlsthron (oben) symbolisiert diese Politik. Der Kunsthistoriker Sven Schütte konnte 2001 nachweisen, daß der Karlsthron tatsächlich karolingisch und nicht erst ottonisch ist. Während der Aachener Dom (linkes Foto) auf antike Vorbilder wie San Vitale in Ravenna zurückgeht, wird er seinerseits zum Vorbild für zahlreiche ottonische Nachfolgebauten. Dazu zählt die Kirche in Essen-Werden (rechts) ebenso wie St. Pantaleon in Köln (S. 8). Deren polygonale Westbauten öffnen sich in Dreierarkaden unter hohen Rundbögen.

Die Straße der Romanik in Sachsen-Anhalt

Die Ziffern folgen der offiziellen Nummerierung der Straße der Romanik, die in Magdeburg beginnt und in eine Nord- und eine Südschleife führt.

- Orte, die im Buch nicht dargestellt werden
- Orte, die im Buch beschrieben werden:

Dome
1, 13, 31, 51, 54

Klöster und Stifte
1, 10, 12, 13, 18, 26, 28, 31, 32, 34, 36, 37, 38, 40, 47, 51, 54, 57, 60

Dorfkirchen
7, 16, 17, 19, 25

Burgen
38, 39, 46, 49, 52, 54, 55, 56

Pfalzen
1, 36, 44, 45, 47, 54

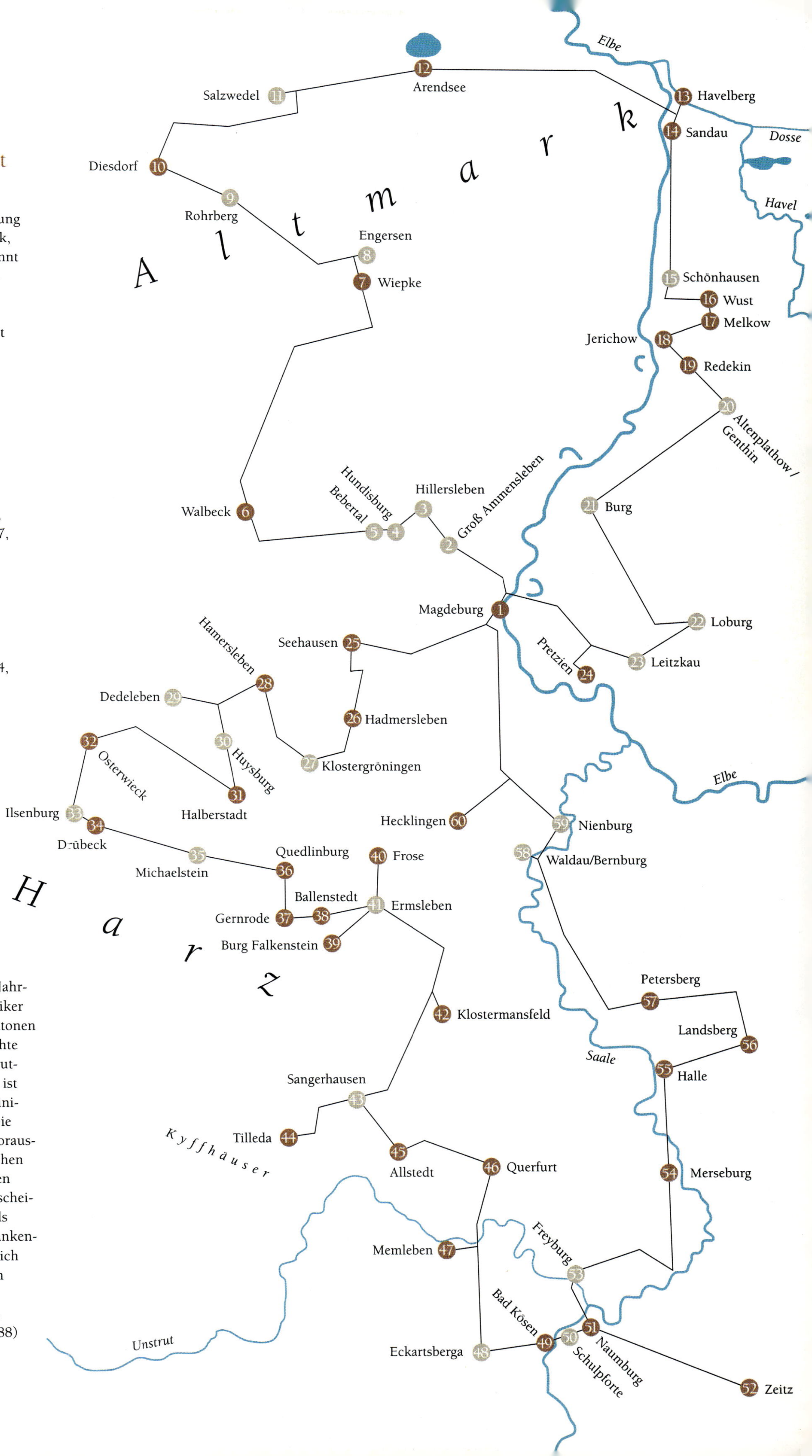

»Vom 12. bis zum 20. Jahrhundert stritten Historiker darüber, ob mit den Ottonen die fränkische Geschichte fortdauerte oder die deutsche begann. Bis heute ist keine abschließende Einigung erzielt worden. Die Ottonen schufen die Voraussetzungen einer deutschen Geschichte und besaßen an ihren Anfängen entscheidenden Anteil. Doch als Herrscher über das Frankenreich und das Römerreich wußten sie davon noch nichts.«
(Schneidmüller in Kat. Europas Mitte 2000, 688)

die Hundisburg oder Halberstadt vom Fluß aus sieht, erahnt die Wehrhaftigkeit der Steinmauern. Wer die Burgen Saaleck und Rudelsburg in Bad Kösen, Schloß Neuenburg in Freyburg, Burg Allstedt oder Querfurt schon von weitem auf einem Felsmassiv erblickt und von dort den Blick in die fruchtbare Weite der Landschaft genießt, dem wird bewußt, daß es der gleiche weite Ausblick war, der vor tausend Jahren die Grundsteinlegung an einem strategisch klug gewählten Stützpunkt entschied.

Worum ging es? Um Landgewinn, Bodenschätze – davon zeugt noch heute das Bergwerk Rammelsberg bei Goslar – und

Eine ottonische Gründung ist auch die mehrfach umgebaute Klosterkirche St. Pantaleon in Köln (oben: Westwerk nach 984, im 19. Jh. verändert; unten: Blick vom Langhaus in das Westwerk).

Die fünf Ottonenherrscher und Beispiele für die in ihrer Herrschaftszeit entstandenen Baudenkmale und erhaltenen Kunstwerke in den genannten Regionen

1. Heinrich I. regiert 919–936

Vor allem Wehrbauten (Ausbau der Brandenburg und der Meißener Burg) und die Westkrypta in Quedlinburg. Urkundlich ist überliefert, daß er in seiner Merseburger Pfalz seinen Sieg über die Ungarn darstellen ließ.

2. Otto I. ›der Große‹ regiert 936–973.
›Ottonisch‹ 920/30–1000

Quedlinburg, St. Servatius-Stift (936), Walbeck, Klosterkirche (nach 942), Werden, St. Ludger (943) und St. Klemens (957), Trier, St. Maximin, Außenkrypta (949/52 oder karolingisch), Magdeburg, Mauritiuskloster mit Krypta (nach 942, 1208 abgebrochen), Köln, Dom VII (953–965), Gernrode, Stiftskirche (959) mit Krypta (961), Köln, St. Pantaleon I (966–984)

3. Otto II. regiert 973–983

Memleben mit Krypta (um 980, nur ergraben), Münster, Dom (967–993), Mettlach, sog. Alter Turm (977). Berühmt ist die Heiratsurkunde der Theophanu (972, Original im Staatsarchiv Wolfenbüttel, Faksimile in Köln St. Pantaleon).

4. Otto III. regiert 983–1002

Köln, St. Pantaleon II (wohl 984–996/1000), Lüttich, St. Denis (gegr. 987), Werden, St. Lucius II (nach 995), Insel Reichenau (um 1000 entstehen Oberzell, St. Georg, Niederzell, St. Peter und Paul sowie Mittelzell, Marienkirche). Berühmt ist auch das Evangeliar Ottos III.

5. Heinrich II. regiert 1002–1024
›Spätottonisch‹ 1000–1030/50

Zyfflich (1003), Gandersheim (1007), Paderborn, Dom (1009 ff.), Merseburg, Dom (1015, unter Thietmar von Merseburg begonnen), Hildesheim, St. Michael, (1010–22). Berühmt ist auch das Evangeliar Heinrichs II.

Der Kopf der überlebensgroßen Christusfigur aus dem Skulpturenprogramm der Westfassade von St. Pantaleon in Köln (nach 984) gehört zu den erhaltenen Skulpturen ottonischer Bildhauerkunst.

innere Sicherheit. Dies schloß die selbstverständliche Aufgabe jedes christlichen Herrschers ein, das Christentum zu verbreiten und Andersgläubige zu missionieren. Die Landnahme Europas durch die Franken und Sachsen ging als ›Christianisierung‹ in die Geschichtsbücher ein. Zeitgenössische Quellen beschreiben es daher als gottgewollten Sieg, wenn ein Slawenfürst aufgab, wenn er überlief oder sich unterwarf, vor allem aber: sich taufen ließ. In der Tat war es der Adel, die Führungsschicht, die zuerst überlief, oder, in der Sprache der Zeit formuliert, erkannte, wer wahres Königsheil besaß.

Von den Karolingern zu den Ottonen

Bereits die Karolinger, die herrschende fränkische Familie, hatten das Reich weit nach Osten ausgedehnt. Nach mehr als dreißig Jahren gelang ihnen unter Kaiser Karl dem Großen der Sieg über die Sachsen (Sachsenkriege 772–804). Sie gründeten in dem eroberten Land Pfalzen und Bistümer und schoben damit die Grenze ihres fränkischen Reiches um 300 Kilometer nach Osten, bis zur Elbe, vor.

Sieger und Besiegte wuchsen über mehrere Generationen zusammen, sächsische Adelsfamilien heirateten in fränkische hinein, Sachsen wurden zu Bischöfen und Grafen ernannt, gründeten Klöster und verteidigten nun ihrerseits ›ihre‹ Ostgrenze. Als das Frankenreich unter Karls Erben immer weiter zersplitterte, waren die Sachsen längst ›frankisiert‹, die Adligen in Führungspositionen aufgestiegen, und eine dieser Familien trat besonders hervor: die reiche Familie der Liudolfinger, die später Ottonen genannt wurden.

Chronisten wie Bischof Thietmar von Merseburg (er schreibt bis 1018), die Äbtissin Hrotsvit (Roswitha) von Gandersheim und der Mönch Widukind von Corvey (beide um 970) waren hochgebildete Geistliche, die Schilderungen von dieser aufstrebenden Familie hinterließen. Ihre – überaus parteiischen – Berichte durchzieht neben der Vorstellung einer gottgewollten Herrschaft der Stolz auf die Leistungen der sächsischen Könige. Die Erfolge der Ottonen bei der Christianisierung der ›Heiden‹ werden als gerechter, letztlich siegreicher Kampf im Sinne Gottes empfunden und beschrieben.

Politik und Religion sind im Mittelalter untrennbar verbunden, gebaut wird im Dienste des christlichen Auftrages. So beschreibt der große Kenner mittelalterlicher Baukunst, Hans Jantzen, treffend: »Die ottonische Kunst ist eine in hohem Maße aristokratische Kunst. Zunächst in dem Sinne, daß die Auftraggeber den höchsten Ständen des Reiches angehören. Die Kaiser selbst wie die Angehörigen des kaiserlichen Hauses sind in zahlreichen Fällen vertreten. Als Bauherren kennen wir, um nahegelegene Beispiele zu nennen, Heinrich I. in Quedlinburg und Merseburg, Otto I. in Magdeburg, Heinrich II. in Bamberg und Basel, Bruno, den Bruder Ottos d. Gr., in Köln und Soest, Mathilde, eine Enkelin gleichfalls Ottos des Großen, in Essen. In weitaus größerem Umfange kommen dann die Reichsbischöfe in Betracht, von denen wiederum viele dem Königshause verwandt waren oder die doch den vornehmen Familien entstammen. Ihre Bedeutung als Bauherren ist kaum hoch genug einzuschätzen.« (Jantzen 1947, 9).

Die bronzene Reiterstatuette entstand in einer Werkstatt in Metz um 870 und gilt als posthumes Bildnis Karls des Großen. Sie spiegelt das hohe künstlerische Niveau der Zeit. (s. Kat. Krönungen, 240–241).

Den sogenannten Talisman Karls des Großen (oben) soll der Kaiser bei der legendären Graböffnung durch Otto III. im Mai 1000 getragen haben. (s. Kat. Krönungen, 237 f.)

Unter dem letzten Ottonen, Heinrich II., verlagerte sich das Herrschaftsgebiet von Sachsen mehr nach Süddeutschland, wo der Besitz Heinrichs, der auch Herzog von Bayern war, lag. Heinrich II. gründet 1007 das Bistum Bamberg. Der ›Bamberger Reiter‹ (links) entstand erst um 1230. Die Reiterstatue steht frei vor einem Pfeiler im Bamberger Dom.

Bischof Bernward von Hildesheim, der Bauherr der Klosterkirche St. Michael (rechte Seite), hat nicht nur Texte hinterlassen, die seine Bauabsicht überlieferten. Einzigartig sind auch mehrere Kunstwerke aus seiner Werkstatt, die deren hohes künstlerisches Niveau zeigen und heute im Dom sowie im Diözesanmuseum zu Hildesheim aufbewahrt werden. Die berühmte zweiflügelige Bronzetür vor dem westlichen Hauptportal im Dom gilt als älteste mittelalterliche Tür. Aus der gleichen Werkstatt Bischof Bernwards stammt die sog. Bernwardssäule (um 1020). Ihre Reliefdarstellungen winden sich wie bei einer antiken Triumphsäule in 28 Szenen spiralartig den Schaft hinauf (ohne Foto).

Ein Jahrhundert ottonische Baukunst, etwa zwischen 920 und 1030

Wenn wir ›Stile‹ nach Dynastien unterscheiden in karolingisch, ottonisch, salisch usw., benutzen wir Stilbegriffe, die über den dynastischen Zeitraum hinausgreifen und die helfen sollen, die Kunst einzuordnen. Hans Jantzen bemerkte zum Ottonischen: »Indessen steht die ottonische Kunst nicht mit einem Schlage als fertige da. Sie ist weder schnell gewachsen, noch ist sie für uns leicht überschaubar. Im letzten Drittel des 10. Jahrhunderts mehren sich die Zeugnisse, und um die Jahrtausendwende gewinnt sie eine Blüte von höchster leuchtender Färbung.« (Jantzen 1947, 8/9).

Ottonische Kunst entsteht etwa zwischen 920 und 1030. Wenn gerade in Sachsen-Anhalt so viel gebaut wurde, dann liegt das daran, daß der Familie dieses Land gehörte. Die Erträge aus den Bergwerken im Harz und der Handel machten die Liudolfinger zu einer reichen Familie. Ihre Kriegszüge gegen die militärisch unterlegenen Slawen brachten viel Geld. Gefangene wurden als Sklaven über Prag nach Venedig und Cordobá verkauft.

Da ottonisches Bauen nicht unvermittelt mit dem Tode Heinrichs II. 1024 und dem Dynastiewechsel zu den Saliern aufhört, spricht man um 1050 noch von spätottonischen Bauten, während man danach meint, Frühsalisches definieren zu können.

Der Hildesheimer Dom (rechts) beherbergt nicht nur hochrangige romanische Kunstwerke, sondern auch ein lebendiges Kunstwerk: An seiner Ost-Apsis rankt der berühmte ›tausendjährige Rosenstrauch‹ empor.

Stilistisch gelten folgende Zeitspannen:

ottonisch	920/30–1000
spätottonisch	1000–1030/50
frühsalisch	1030/50 –1080

Über die Ottonen, ihren Aufstieg unter Heinrich I. und Otto I. und ihre Ideologie, das römische Imperium fortzusetzen, gibt es viel Literatur (s. S. 141), die zum Ottonenjahr 2001 um neue Titel ergänzt wurde. Die folgenden Stichworte zu den fünf Ottonenkönigen verstehen sich nur als grober zeitgeschichtlicher Hintergrund zum Verständnis der Bauten.

Der Aufsteiger

Heinrich I.
(geb. um 876, reg. 919–936)

Unter dem ersten zum König erhobenen Ottonen erlebt das Frankenreich noch die Ungarn als Bedrohung aus dem Osten, so daß sich Heinrich 933 mit einem Sieg über die berittenen Krieger (bei Riade an der Unstrut) und einer ausgehandelten neunjährigen Friedenszeit das Ansehen und die Führungsposition im ostfränkischen Reich erwerben kann.

Klugerweise läßt er sich von den anderen zum König (Rex) ausrufen und nennt sich im Unterschied zu den karolingischen Herrschern diplomatisch ›Erster unter Gleichen‹ (›Primus inter pares‹). Als Aufsteiger, der die ruhmvolle, aber geschwächte Dynastie der Karolinger ablöst, muß er zunächst seine Macht festigen.

Er kämpft nicht mehr gegen die Fürsten (Duces), wie oft die Karolinger, sondern bindet sie durch sog. Amicitiae-Verträge ›freundschaftlich‹ an sich. Die gewachsene Stellung der sog. Stammesherzogtümer respektiert er, schafft damit inneren Frieden und die Grundlage für die ottonische Hegemonie in Westeuropa.

929 regelt er in der ›Hausordnung‹ die Erbfolge weitblickender als die Karolinger, indem er seinen ältesten Sohn Otto zum alleinigen Nachfolger bestimmt.

Heinrich erobert 927/928 die slawische Brandenburg und errichtet 929 in Meißen eine Burg. Damit installiert er Stützpunkte für die späteren Eroberungen östlich von Elbe und Saale. Aus der Regierungszeit dieses ersten Ottonen sind fast

Die ehemalige Benediktiner-Klosterkirche St. Michael in Hildesheim (oben) gilt als Schlüsselbau zum Verständnis ottonischer Kirchen. Wahrscheinlich diente die Klosterkirche zu Memleben (nach 979, S. 20–25) als Vorbild.

St. Michael erhebt sich als dreischiffige, doppelchörige Basilika mit zwei Querschiffen auf einem Hügel. Trotz starker Beschädigung im Krieg und Rekonstruktion (des Bauzustandes unter Bernward) bis 1960 ist ihre kunsthistorische Bedeutung so hoch, daß sie von der Unesco zum Welterbe ernannt wurde.

Initiator der Kirche war der hochgebildete Bischof Bernward von Hildesheim (993–1022), der als politischer Berater der Kaiserwitwe Ottos II., Theophanu, und als Erzieher des kleinen Otto III. wirkte.

Der Grundstein vermerkt als Baubeginn das Jahr 1010. Nach Bernwards Tod wurde die Klosterkirche bis 1033 vollendet. Zu den Schätzen im Innenraum zählt neben dem Bernwardgrab in der Westkrypta und den romanischen Chorschranken auch die bemalte Holzdecke (13. Jh., ohne Foto), die vor der Kriegszerstörung 1943 rechtzeitig ausgelagert wurde und heute wieder das Langhaus überdeckt.

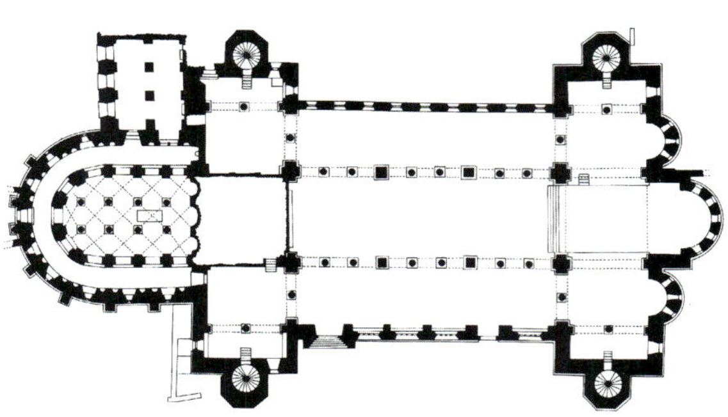

Der Grundriß von St. Michael in Hildesheim zeigt eine ausgewogene Anlage, die den Osten wie den Westen gleichermaßen betont. Dem Grundriß liegt das Quadrat zugrunde.

Bei dieser doppelchörigen, dreischiffigen Basilika mit zwei Querhäusern findet man den ältesten erhaltenen ›sächsischen Stützenwechsel‹ mit einem Rhythmus aus zwei Säulen und einem Pfeiler. Auch erscheint hier die erste datierte ›ausgeschiedene Vierung‹ (s. Glossar S. 138).

Kaiser Otto II. mit den huldigenden Provinzen Germania und Francia rechts und Allamania und Italia links. Um 983 (oben, aus Kat. Krönungen, 77) Darunter das Siegel Ottos II. (aus Kat. Krönungen, 253).

nur Wehrbauten überliefert. Die Holz- und Fachwerkhäuser der Slawen wurden nur archäologisch nachgewiesen.

Heinrich I. stirbt etwa 60jährig am 2. Juli 936 in seiner Pfalz Memleben und wird in Quedlinburg bestattet.

Der Namensgeber

Otto I. der Große
(geb. am 23. Nov. 912, reg. 936–973)

Otto wird mit fast 24 Jahren am 7. August 936 in Aachen zum König und mit 50 Jahren 962 in Rom zum Kaiser gekrönt. Als Kaiser herrscht er auch, anknüpfend an das römische Reich Karls des Großen, über Oberitalien und Rom.

Otto ist zweimal rechtmäßig verheiratet, zuerst mit der angelsächsischen Prinzessin Edgith (Editha), danach mit der viel jüngeren Burgunderin und italischen Königswitwe Adelheid. Aus dieser zweiten Ehe stammt der Thronfolger Otto. Adelheid sollte Ehemann und Sohn um viele Jahre überleben und mit ihrer Schwiegertochter Theophanu die Herrschaft für den minderjährigen Enkel Otto III. sichern.

»Von dem Namen Ottos des Großen strahlt ein vielfacher Glanz aus, der eine neue Vorstellung vom Abendland ankündet, denn ihm gelang die Verwirklichung der Idee christlichen Kaisertums abendländischer Prägung.« (Jantzen 1947, 7)

Otto I. erringt 955 in der berühmten Schlacht auf dem Lechfeld (bei Augsburg) den entscheidenden Sieg über die Ungarn. Damit befreit er nicht nur Sachsen, sondern auch Italien, Frankreich und Burgund von großer Sorge und kann die so gewonnene Vormachtstellung nutzen.

Diplomatische Verbindungen und Fernhandelsstraßen verbinden die sächsischen Gebiete mit dem Kalifat von Córdoba, dem oströmischen Reich und mit Böhmen. Über Prag und Venedig gelangen arabische Waren nach Sachsen. Im Gegenzug werden Erze, Silber, Wachs, Bernstein, Waffen und nicht zuletzt Menschen über Venedig an die Araber bis ins fatimidische Afrika verkauft, wo sie den Mameluken als Soldaten dienen.

Seit Ottos Sieg 955 werden aufwendige Großbauten geplant. Noch 955 beschließt er, das Erzbistum Magdeburg zu gründen. Dieser Dom Ottos I. wird 1208 durch den heutigen, gotischen Dom ersetzt.

Ein Jahrzehnt nach der Kaiserkrönung in Rom gelingt es Otto I., die byzantinische Prinzessin Theophanu als Ehefrau für seinen Sohn und Thronfolger Otto II. zu gewinnen. Damit bekommt die Beziehung zu Ost-Rom eine Form, die weitere Handelsverbindungen nach sich zieht.

Otto I. versteht sich in der Aachennachfolge Karls des Großen als Erneuerer des fränkischen Reiches (›Renovatio Imperii Francorum‹) und läßt sich deshalb in Aachen zum König krönen. Doch sein Herrschaftszentrum verlagert sich nach Sachsen, an der Ostgrenze des Reiches.

Mit dem ›Privilegium Ottonianum‹ zwingt Otto I. den Papst, fortan vor seiner Wahl auf den deutschen Kaiser den Treueid zu schwören. Das sächsische und das italische Reich sind damit vereint.

Seinen Bruder Brun setzt Otto I. als Erzbischof von Köln ein. Sein Bruder Heinrich wird Herzog von Bayern, sein außerehelicher Sohn Wilhelm Erzbischof von Mainz und sein Sohn Liudolf Herzog von Schwaben. Als Stützpunkte für die Grenzsicherung gründet Otto I. die Bistümer Havelberg und Brandenburg (948).

Otto stirbt am 7. Mai 973 in Memleben. Er wird in Magdeburg bestattet.

Der glücklose Sohn

Otto II.
(reg. 973–983)

Otto I. hatte vorsorglich seinen sechsjährigen Sohn Otto 961 in Aachen zum Mitkönig und 967 in Rom zum Mitkaiser krönen lassen. Mit 18 Jahren wird Otto II. 972 in Rom mit Theophanu verheiratet. Die Nichte des byzantinischen Kaisers wird auch zur weströmischen Kaiserin gekrönt. 973 tritt Otto II. unangefochten die Nachfolge seines Vaters an. Missions- und Kaiserpolitik gehen eine noch engere Verbindung ein. Otto II. stirbt unerwartet am 7. Dezember 983 mit 28 Jahren in Rom und wird in Alt-St. Peter beigesetzt.

Weitblickend hatte Otto II. seinen dreijährigen Sohn Otto in Verona zum Nachfolger wählen und in Aachen zum König krönen lassen. Die 24jährige griechische Kaiserwitwe Theophanu setzt sich gegen die Konkurrenz durch, übernimmt die Herrschaft und regiert acht Jahre lang für ihren minderjährigen Sohn das römische Reich. Zu ihren Beratern zählen Erzbischof Willigis von Mainz und Kanzler-Bischof Hildibald von Worms. Als Theophanu (geb. ca. 959) 991 mit 32 Jahren stirbt, ist der Thronfolger Otto III. elf Jahre alt. Die Kaiserin wird in das Kölner Kloster St. Pantaleon überführt. Nach ihrem Tod führt ihre Schwiegermutter Adelheid, die Witwe Ottos I., drei Jahre lang die Regierungsgeschäfte für ihren minderjährigen Enkel weiter.

Der europäische Römer

Otto III.
(reg. 983–1002)

Otto III. tritt nach dem Tod seiner Großmutter Adelheid 994 mit 14 Jahren die Regentschaft an. Er wird am 21. Mai 996 in Rom zum Kaiser gekrönt und verlagert das Herrschaftszentrum von Sachsen nach Rom. Von griechischen Lehrern und gebildeten Bischöfen wie Bernward von Hildesheim, Williges und Hildebald erzogen, spricht Otto III. fließend lateinisch und griechisch. Seinen Vetter Brun erhebt er zum ersten deutschen Papst (Gregor V.). Otto nennt sich ›Romanorum Imperator Augustus‹ und will ausdrücklich das römische Reich aufrecht erhalten (›Renovatio Imperii Romanorum‹), wie in seiner Bleibulle 998 formuliert. Ein Denken in Staaten liegt ihm fern, ihm geht es um die Ideologie. Rom als Mittelpunkt des Imperium und des Sacerdotium sind eins, Rom wird der Mittelpunkt des Reiches. Wenn sich Otto III. in Italien aufhält, vertritt ihn in Sachsen seine Tante, die Äbtissin Mathilde von Quedlinburg, und nach deren Tod seine Schwester, Äbtissin Adelheid.

Otto III. pilgert im Jahre 1000 ins polnische Gnesen (Gniezno) zu Fürst Boleslaw Chrobry, erhebt Gnesen zum Erzbistum und begründet damit die Geschichte der eigenständigen polnischen Kirche.

In Italien stirbt Otto III. unerwartet früh mit etwa 22 Jahren (am 24. Januar 1002), kinderlos, ohne geregelte Thronnachfolge. Der Kölner Erzbischof Heribert überführt ihn nach Aachen, wo Otto III. neben Karl dem Großen bestattet wird.

Der bayerische Sachse

Heinrich II.
(reg. 1002–1024)

Nach dem plötzlichen Tod Ottos III. setzt sich nach einigen Machtkämpfen Herzog Heinrich von Bayern durch. Er ist der

Die ehemalige Benediktinerkirche St. Godehard in Hildesheim entstand mehr als ein Jahrhundert nach Bernwards spätottonischem Bau St. Michael. Obwohl der Innenraum immer wieder stark restauriert und statisch gesichert werden mußte, vermittelt er ein Bild romanischer Raumauffassung. Wie auch in St. Michael wird die flach gedeckte Basilika durch den sächsischen Stützenwechsel rhythmisiert.

Überdies veranschaulichen die Kapitelle von St. Godehard die Entwicklung vom ottonischen Würfelkapitell (im Chor) bis zum reich ornamentierten Ranken-, Blatt- und Flechtwerkkapitell mit Figurenschmuck im Langhaus. Das Schachbrettmuster sowie die verschlungenen Ranken und Palmetten setzen die Kenntnis nicht nur der römisch-antiken, sondern vor allem der byzantinischen und islamischen Ornamentik voraus.

Das obere Foto zeigt die Kaiserpfalz in Goslar, zu deren Füßen sich einst die Stiftskirche befand.

Die Stadt Goslar, die Kaiserpfalz und das 1988 stillgelegte Silberbergwerk am Rammelsberg gehören zum Unesco-Weltkulturerbe. Das Besucherbergwerk Rammelsberg informiert über den bis ins 3. Jahrhundert nach Christus zurückreichenden Bergbaubetrieb, der um 970 unter der Herrschaft der Ottonen systematisch ausgebaut wurde. Ohne den Silberabbau hätten weder die Pfalz noch die wohlhabende Fachwerkstadt Goslar entstehen können – und auch die Familie der Ottonen wäre ohne diese Grundlage ihres Reichtums und ihrer Macht im Dunkel der Geschichte geblieben. Denn das Silber bildete neben den Handelsbeziehungen die wirtschaftlichen Voraussetzungen für die ottonische Hegemonie in Westeuropa.

Enkel des gleichnamigen Großvaters, der damit in der dritten Generation der Bayernherzöge den begehrten Königsthron besteigt. Zu seinen Beratern zählen die Äbte Bernward und Goderam von Hildesheim sowie Bischof Thietmar von Merseburg, der wie kein anderer die historische Sichtweise auf die Ottonen beeinflußt hat.

Heinrich II. verlagert das Reichszentrum zwar wieder von Rom in den Norden und knüpft ausdrücklich an die Tradition der fränkischen Könige (›Renovatio Regni Francorum‹) an. Aber die ›alten‹ ottonischen Orte wie Quedlinburg und Magdeburg sind für den Bayern weniger wichtig als neue Pfalzgründungen in Bamberg oder Goslar.

Bis zu Heinrich II. dienten Pfalzen und Reichsklöster als Aufenthaltsorte der umherziehenden Kaiser. Unter Heinrich gewinnen die Bischofsstädte an Bedeutung. Die Bischöfe gehören in ottonischer Zeit zur engsten Verwandtschaft des Königs und unterstützen die Landnahme. Bischöfe sind Stadtherren mit allen Rechten, die ein eigenes Heer unterhalten und Münzen prägen dürfen. Unter dem letzten Ottonen werden die Reichskirche und das Königtum noch enger verbunden. Schaltstelle der Macht ist die Hofkapelle, der Ausbildungsort für Adelige und Bischöfe.

Heinrich II. beschenkt die Kirchen reich. Er stirbt am 13. Juli 1024 in seiner Pfalz Grone und wird im Bamberger Dom bestattet. 1146 wird er heilig gesprochen.

Mit Heinrichs Tod erlischt 1024 die männliche Linie der ottonischen Familie. Die Sachsen werden abgelöst durch Konrad II., einen Salier (Franken). Damit verschiebt sich das Zentrum der Herrschaft endgültig von Sachsen wieder nach Westen, zum Oberrhein.

Der letzte ottonische Kaiser, Heinrich II. aus der bayerischen Linie der Dynastie, gründete neue Pfalzorte, wie Bamberg oder 1017 Goslar. Eine Dauerausstellung in der Goslarer Pfalz informiert über die Geschichte. Das Foto zeigt den Kaiserstuhl (spätes 11. Jh.), der in der Vorhalle der Stiftskirche (1819 abgebrochen) unterhalb der Pfalz Aufstellung fand.

Die große Kunstfertigkeit der Handwerker läßt sich erahnen, wenn man sich die Details romanischer Steinbearbeitung anschaut. Um ein mit Blattranken und Figuren geschmücktes Kapitell herzustellen, muß jeder Steinmetz immer zuerst einen sehr exakten Quader hauen – von dem später nichts mehr zu erkennen ist. Ohne den Quader jedoch könnte er keine geraden Kanten und Flächen gewinnen, auf denen er mit feinen Eisen die figürlichen Szenen herausarbeitet. Das Foto links zeigt als eines von vielen möglichen Beispielen für die optische Auflösung der vier Flächen in lebendige Szenen das sog. Weihnachtskapitell in Hildesheim. Vier Engelfiguren auf Konsolmasken zieren die Ecken und trennen die vier Szenen voneinander.

Der Werkplatz eines Steinmetzen (links) hat sich seit dem Mittelalter kaum verändert, da die Werkzeuge zwar einfach, aber gut durchdacht sind. Von links nach rechts sind sie zu sehen: Zweispitz, Klöpfel, Fäustel, Anreißnadel, Spitzeisen, Zahneisen, Schlageisen, Fläche, Winkel und zwei Richtscheite. Der Steinmetz (unten rechts) treibt mit dem Klöpfel das Schlageisen, um zunächst einen Randschlag zu hauen. Erst nach dem Randschlag wird die erste plane Fläche abgearbeitet.

Die Pfalzen Tilleda und Allstedt

Könige ohne Hauptstadt

Die sächsischen Geschichtsschreiber Widukind von Corvey und Thietmar von Merseburg berichten, daß die ottonischen Könige oft mit Gefolgschaften von mehr als 100 Personen unterwegs waren. Je nach Größe des Hofstaates, Wetter und Wegbeschaffenheit legten sie 20 bis 30 Kilometer am Tag zurück. Für das leibliche Wohl sorgten die Pfalzen, königliche Besitzungen, die über das Reich verteilt waren.

Von Tilleda ist das hohe Kyffhäuser-Denkmal zu sehen, das seit 1896 an die staufische Reichsburg, die einst größte mittelalterliche Burg Deutschlands, erinnern soll. Ihre Blütezeit erfuhr sie unter Kaiser Friedrich I. Barbarossa. Möglicherweise hängt der Aufstieg der Burg Kyffhausen mit dem Abstieg der ottonischen Pfalz Tilleda zusammen.

Bekannteste Figur des Kyffhäuser-Denkmals ist der sitzende Barbarossa, dessen steinerner Bart durch den Tisch gewachsen ist – heute ein Denkmal der romantisierenden Bewegung Ende des 19. Jahrhunderts.

Am Fuße des Kyffhäusers liegt auf dem Pfingstberg die 1935–1975 ergrabene Pfalz Tilleda. Sie dehnt sich auf einer Wiesenfläche von etwa 350 mal 250 Metern aus. Tilleda zählt neben Allstedt, Wallhausen, Nordhausen und Pöhlde zu den politisch bedeutenden ottonischen Königspfalzen südlich des Harzes. Durch den Glücksfall, daß sie nie überbaut wurde, konnte sie vom Institut für Ur- und Frühgeschichte der Akademie der Wissenschaften zu Ost-Berlin großflächig archäologisch untersucht werden. Unter der Leitung von Paul Grimm wurde bis 1990 eine zweibändige Publikation vorgelegt, die grundlegendes Wissen über diese ottonische Pfalz vermittelt.

Der Kontrast ist zugegebenermaßen groß. Auf den Spuren der sächsischen Kaiser spazieren Wissensdurstige bei strahlendem Sonnenschein auf dem Pfingstberg am Fuße des Kyffhäusergebirges über weite Wiesenflächen und gepflegte Wege. Der Ausblick in das Wolwedatal ist herrlich, gelegentlich dringen Geräusche der Zivilisation aus dem beschaulichen Örtchen Tilleda am Fuße der Anhöhe durch die klare Luft. Der Blick ist freigegeben in die liebliche Hügellandschaft. Vögel zwitschern und eine milde Brise vermag die Bilder einer fernen Vergangenheit heraufzubeschwören.

In Kniehöhe finden die Besucher Hinweistafeln, die erklären, daß man in der Kapelle, im Versammlungssaal oder in der Vorburg steht. Konservierte Steinflächen in der Wiese und einige erhaltene Mauern erleichtern die Orientierung. Rekonstruierte Pfostenhäuser mit Webstühlen gehören noch zu dem anschaulichsten, das uns Heutigen das quirlige Leben von vielleicht 250 Bewohnern (so schätzt Paul Grimm) in der Pfalz Tilleda vergegenwärtigen kann – Tilleda ist die am besten untersuchte und publizierte frühmittelalterliche Pfalzanlage.

Wer den Spuren der Ottonen folgen will und nicht unbedingt ein leidenschaftlicher Archäologe oder Bauforscher ist, verlangt Erklärungen. Denn über die historischen Persönlichkeiten erfahren wir kaum mehr als Krönungs- und Todesdaten, familiäre Machtrangeleien, Kriege, Siege, Verträge und Urkunden. Bei wichtigen Bauunternehmungen, wie der Gründung von Magdeburg oder Memleben, stecken die Ideen nur als Fundamente im Boden oder als Mauerreste in den Nachfolgebauten. Tilleda dagegen wurde nie

Die fünf Ottonenherrscher waren, wie zuvor die Dynastien der Merowinger und Karolinger, gezwungen, in ihrem riesigen Reich umherzureisen. Die Regierungsgewalt mußte stets aufs Neue durch Anwesenheit dokumentiert werden. Rückblickend zeigen sich verschiedene Orte als favorisierte Pfalzen der Herrscher: Heinrich I. bevorzugte Quedlinburg, Otto I. Magdeburg, Otto II. Allstedt, Otto III. Aachen und Heinrich II. Merseburg.

überbaut, sondern nach Felsabstürzen an der Nord- und Ostseite bereits im Mittelalter als Pfalz aufgegeben. Der flache Bergsporn barg daher für Archäologen unschätzbare Informationen im Boden, die Paul Grimm in seiner Abschlußpublikation über die langjährigen Grabungen 1990 veröffentlichen konnte.

Tilleda berichtet aus einer Zeit, als die Könige noch umherreisten, um ihre Regentschaft aufrecht zu erhalten. Denn der König mußte seinen Anspruch stets aufs Neue demonstrieren, regierte er doch ein großes Reich, das nördlich der Alpen noch keine Städte kannte, sondern überwiegend agrarisch und in losen Stammesverbänden organisiert war. Die Dichte der Pfalzen südlich des Harzes zeigt, daß die ottonischen Stützpunkte oft nur einen Tagesmarsch, 20 bis 30 Kilometer, voneinander entfernt lagen. Durch dauerndes Reisen kontrollierten die Könige seit der Zeit der Merowinger und Karolinger die örtlichen Grafen, riefen Hoftage ein und hielten Gericht, vergaben und nahmen Land und Privilegien. Wie Tilleda zeigt, wurden die frühen Pfalzen zu einer Zeit, als es noch keine steinernen Burgen in Europa gab, durch Wälle und Trockengräben geschützt.

Nach dem Hersfelder Güterverzeichnis aus dem Anfang des 9. Jahrhunderts hatten bereits die Franken in dieser Gegend Königsbesitz. Auch bei den Grabungen wurden Hausreste aus dem 8. Jahrhundert gefunden, die belegen, daß der Pfingst-

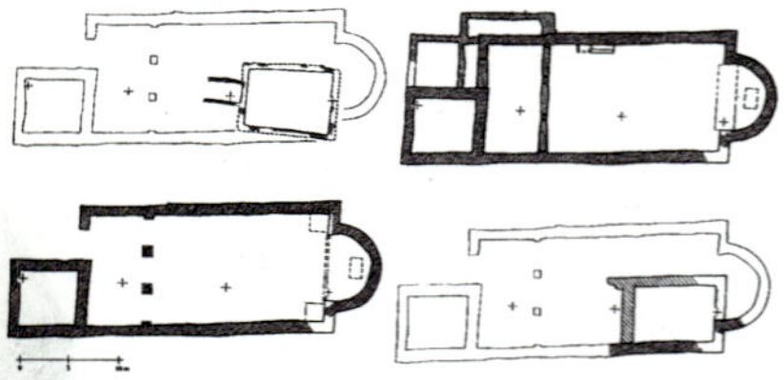

Die Forschungen von Paul Grimm und Gerhard Leopold brachten Klarheit in die vier Bauphasen der Pfalzkapelle (Rekonstruktion nach Grimm 1968 und 1990, bei Binding 1996, 185). Der Saalbau von über 22 Metern Länge und zehn Metern Breite wurde im Osten mit einer eingezogenen Apsis abgeschlossen.

Die Pfalz Tilleda gehörte spätestens seit dem 9./10. Jh. zum Besitz der Liudolfinger. Urkundlich wird Tilleda erstmals 972 genannt: In einer prächtigen Heiratsurkunde überträgt Kaiser Otto II. Tilleda neben anderen Gütern seiner Gattin Theophanu als Morgengabe. Darunter versteht man Güter, über die Theophanu frei verfügen kann. Diese typische ottonische Pfalzanlage bestand aus zwei Vorburgen und einer kleinen Kernburg, von der aber Teile bereits im Mittelalter abstürzten. Die Ausgrabungen belegen, wie viele Menschen bei der Pfalz zu deren Versorgung lebten und arbeiteten. Unter anderem wurden die Fundamente der Pfalzkapelle (um 1000) sowie 235 Gruben- und Pfostenhäuser gefunden. Die einfachen Gebäude (oben Rekonstruktionen) dienten als Wachhäuser, zum Wohnen und für Gewerbe des täglichen Gebrauchs wie Töpfer, Weber und Tuchmacher.
(Straße der Romanik Nr. 44)

Die imposante Burg- und Schloßanlage von Allstedt liegt nicht weit von Tilleda entfernt und erhielt ihre heutige Gestalt zwischen dem 15. und 18. Jahrhundert anstelle der vormaligen Pfalz. Diese Pfalz Allstedt wurde seit Heinrich I. von den Ottonen häufig genutzt. Otto I. weilte sechsmal dort, und unter Otto II. avancierte Allstedt zum meistbesuchten Aufenthaltsort, den auch die Kaiserinnen Adelheid und Theophanu aufsuchten. Otto II. hielt sich dort bis 979 mindestens einmal jährlich auf, während er offenbar nur einmal, 974, nach Tilleda kam. Heinrich II. hielt 1017 und 1021 mehrere Hoftage dort ab, und auch die Salier und Staufer gaben Allstedt den Vorzug vor Tilleda.

Heute beherbergt Schloß Allstedt ein sehenswertes Museum über seine Geschichte. Eine Besonderheit ist die gotische Küche mit einem riesigem offenen Kamin. Er ist funktionstüchtig und sorgt bei Festen für mittelalterliches Flair.
(Straße der Romanik Nr. 45)

berg schon früh besiedelt war. In der Nähe von Tilleda liegen drei Pfalzen, die als Ausstellungsort von ottonischen Königsurkunden bekannt sind: Wallhausen, Nordhausen und Allstedt. Da die Kaiserin Theophanu 972 zur Hochzeit mit Otto II. Tilleda als Mitgift erhielt, nimmt man an, daß die Pfalz spätestens 972 voll ausgebaut war – wie auch immer das ausgesehen haben mag (Binding 1996, 179).

Die Auswertung der Grabungen ergab mehrere Bauphasen. Zunächst begannen die Ottonen im späten 10. Jahrhundert, die Hauptburg durch eine Holzkonstruktion, die mit einem Humuswall ummantelt wurde, gegen die Vorburg zu schützen (Binding 1996, 181). In diese Zeit gehören die erste Pfalzkapelle, die später mehrmals erweitert und umgebaut wurde, sowie ein Saalbau für Versammlungen. In der zweiten Bauphase wurde die Hauptburg durch einen 15 Meter breiten Halsgraben und die Aufschüttung des Humuswalls stärker befestigt. Gleichzeitig wurde eine ausgedehnte Vorburg angelegt. Man fand über 235 Häuser unterschiedlicher Größe, 43 davon wurden erst im späten 12. Jahrhundert gebaut. Die Gebäude wurden als Wohn- und Vorratshäuser genutzt, als Tuchmachereien, Scheunen, Ställe und Wachhäuser. Paul Grimm fand in den Häusern Abfallstücke, die auf unterschiedliche Handwerksberufe deuten: Elfenbein, Kämme, Email, Messer- und Kastenbeschläge sowie Eisen. Trotz der dichten Besiedlung der Vorburg konnten keine Brunnen gefunden werden; offenbar versorgten sich die Bewohner im 10. Jahrhundert mit Hilfe von Eseln und Maultieren aus dem Fluß Wolweda mit Wasser.

Die Keramikfunde hören im 11. Jahrhundert auf, Brandschichten in mehreren Häusern der Vorburg deuten auf eine weitgehende Zerstörung hin. Hiebverwundungen an den Schädeln von zwölf Skeletten erwachsener Männer lassen ebenfalls auf Kämpfe schließen. Ein Friedhof entstand um die ehemalige Pfalzkapelle im späten 12. Jahrhundert, 50 Gräber rühren aus dieser Zeit. Weitere 368 Skelette sind jünger, sie gehören ins 14. Jahrhundert. Diese Befunde zeigen, daß die Pfalz ihre Bedeutung verloren hatte und ihre Kapelle nun als Pfarrkirche genutzt wurde. Im 14./15. Jahrhundert endete schließlich die Besiedlung auf dem Gelände der ehemaligen Pfalz.

Tilleda erreichte nie die große symbolische Bedeutung, wie sie etwa Aachen seit Karl dem Großen oder Magdeburg seit Otto dem Großen zufiel. Für die Wissenschaft aber erwies sich diese ›normale‹ Pfalz rückblickend als Glücksfall. Tilleda hat unser spärliches Wissen über das Leben der Sachsen im 10. Jahrhundert erheblich erweitern können.

Wer die Romanik in Sachsen-Anhalt bereist, erlebt in dem dünn besiedelten, von Flüssen durchzogenen Land die untrennbare Symbiose von Kultur und Landschaft. Elbe, Saale und Unstrut sowie kleinere Nebenflüsse bestimmen die fruchtbaren Landstriche. Das obere Foto gibt einen Eindruck von der Unstrut-Landschaft bei Memleben.

Memleben

Beschaulichkeit, Landschaft und zwei gewaltige Kirchen

Die Pfalz Memleben war offenbar den sächsischen Königen im 10. Jahrhundert lieber als andere Höfe. Besonders Otto der Große hielt sich hier oft auf. Widukind von Corvey und Thietmar von Merseburg berichten darüber.

Vom Aussehen dieser Pfalz wissen wir wenig. Von dem späteren Kloster sind die Reste des 13. Jahrhunderts erhalten, die seit 1722 Ruine sind. Das sog. Kaisertor (Foto rechts) gehörte möglicherweise zur Pfalz.

Die vor tausend Jahren hoch bedeutende Pfalz Memleben betritt man durch einen privat anmutenden, zauberhaften Garten. Wo einst Könige regierten, umfängt den Besucher heute die romantische Stimmung einer Kirchenruine. Eine daneben im Boden markierte zweite Kirche zeigt das Ausmaß eines anspruchsvollen, frühen ottonischen Bauwerks.

Memleben – diesem bezaubernden Idyll sieht man seine große Bedeutung nicht sofort an. Hier unterhielten die frühen Ottonen eine Pfalz, mindestens 15 Königsaufenthalte sind belegt. Doch wie die Pfalz aussah und wo sie genau lag, gibt bis heute Rätsel auf (Matthias Hardt in: Wittmann 2001). Vielleicht stecken Fundament- und Mauerreste in den umliegenden Gutsgebäuden. Erste Grabungen wurden 1936 eingestellt, weil man sie nicht mit der Pfalz in Verbindung bringen konnte. Doch seit 1959 führten Friedrich Bellmann und Gerhard Leopold systematische Grabungen durch und konnten eine 82 Meter lange, 38 Meter breite Basilika aus dem 10. Jahrhundert nachweisen. 1964 fanden sie auch die Reste der Krypta und publizierten ihre bis heute grundlegenden Ergebnisse (jüngst: Gerhard Leopold in: Wittmann 2001).

Den heutigen Besucher erwartet zunächst die beeindruckende spätromanische Ruine einer Benediktinerkirche aus dem frühen 13. Jahrhundert. Deren Krypta ist unter dem Ostchor vollständig erhalten und zugänglich. Eine Ausstellung informiert über Bauabschnitte und denkmalpflegerische Maßnahmen, die kontinuierlich und behutsam an dieser bedeutenden Ruine durchgeführt werden. Auch die Deutsche Stiftung Denkmalschutz konnte zur statischen Sicherung seit 1993 mit 960.000 Mark beitragen.

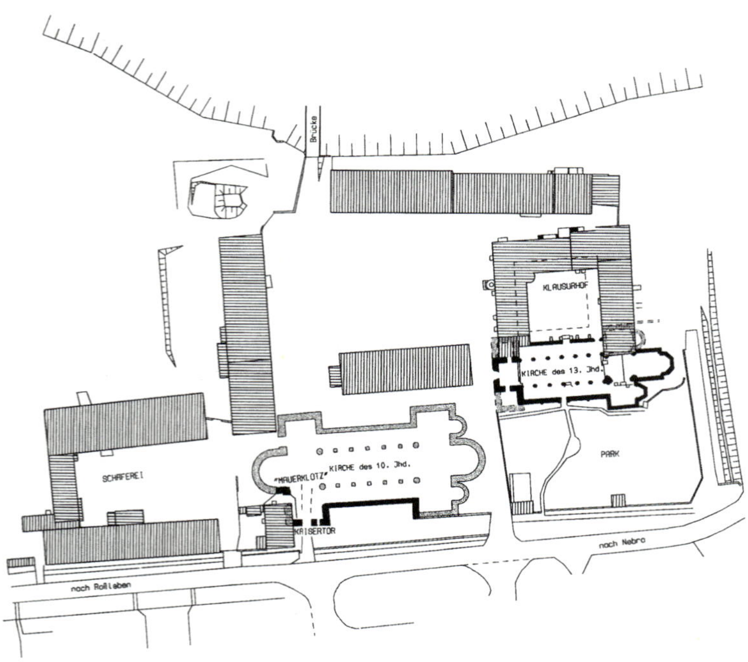

Der Lageplan der ehemaligen Klosteranlage Memleben zeigt die auch auf dem großen Foto oben zu sehende, bestehende Kirchenruine aus dem 13. Jahrhundert, die man heutzutage durch einen kleinen Park erreicht. Südwestlich dieser Kirche liegt die ottonische Basilika, die ergraben und im Pflaster des Bodens markiert wurde.

Das ehemalige Benediktinerkloster Memleben liegt heute, straßenseitig begrenzt durch eine Mauer, in einer gepflegten Gartenanlage, die zum Ruhen und Verweilen einlädt.

Das Foto zeigt die südliche Mittelschiffmauer mit ihren Durchgängen zum Mittelschiff. Das südliche Seitenschiff fehlt. An der Reihe der quadratischen Gerüstlöcher ist der Ansatz des Seitenschiffdaches ablesbar. Dieser Bau aus der ersten Hälfte des 13. Jahrhunderts vermittelt eine Vorstellung von der Größe und der Raumwirkung einer romanischen Basilika, wie man ihn sich auch für den benachbarten, archäologisch nachgewiesenen Vorgängerbau aus dem 10. Jahrhundert vorstellen kann. Der ältere, ottonische Bau war jedoch noch größer. (Straße der Romanik Nr. 47)

Erstaunlicher und rätselhafter jedoch als das zunächst Sichtbare ist das Gebäude, das durch Bodenplatten im Südwesten der Kirche als Grundriß dokumentiert wurde: eine zweite, ältere Kirche. Diese doppelchörige Anlage mit zwei Querschiffen und zwei Krypten ist noch größer als die benachbarte und reicht an den 955 gegründeten Dom Ottos des Großen in Magdeburg heran. Dieser Grundriß zeigt, wie aufwendig frühe ottonische Kirchen geplant waren. Doch wer stiftete diesen Bau? Wo bauhistorische Befunde (noch) fehlen, helfen Quellentexte weiter.

Vater und Sohn sterben am gleichen Ort

Der Chronist Widukind von Corvey berichtet, daß der erste Sachsenkönig, Heinrich I., am 2. Juli 936 etwa 60jährig in seiner Pfalz Memleben starb. Heinrich hatte ein Jahr zuvor einen Schlaganfall erlitten, als er sich zur Jagd in den Harz aufmachte. »Er fand aber noch die Kraft, einen Hoftag nach Erfurt zu berufen, auf dem er den Großen noch einmal Otto eindringlich als seinen Nachfolger empfahl (designavit).« (Althoff 2000, 66) Begraben wurde Heinrich aber nicht in Memleben, sondern in St. Servatius in Quedlinburg.

Mit einem zeitlichen Sprung von 37 Jahren berichtet uns der gleiche Widukind, daß auch Heinrichs Sohn, Otto der Große, am gleichen Ort starb: Das Osterfest hatte Otto wie üblich in Quedlinburg gefeiert, Christi Himmelfahrt in Merseburg und war dann am 6. Mai 973 nach Memleben gekommen. Wie gewöhnlich, wohnte der Kaiser in der Morgendämmerung dem Chorgesang bei, hörte die Messe, spendete »gewohnheitsmäßig den Armen« und »setzte sich fröhlich an den Mittagstisch« (Widukind III, 75). Bei der Vesper aber schüttelte ihn ein heftiges Fieber. Otto I. fiel in Ohnmacht. Wieder bei Bewußtsein, verlangte er die Sterbesakramente und starb am Abend des 7. Mai in Memleben. Der Leichnam wurde seinem Wunsch gemäß in seinen Magdeburger Dom überführt.

Den Quellen nach war es Ottos Sohn, Kaiser Otto II., der kurz vor 979 in Memleben in Erinnerung an seinen Vater für sein eigenes Seelenheil und das seiner Gattin, der Kaiserin Theophanu, eine ungewöhnlich reich ausgestattete Stiftung für ein der Gottesmutter Maria geweihtes Benediktinerkloster errichtete. Erst die Mittel aus dieser Schenkung scheinen den Kirchenbau ermöglicht zu haben.

Die Westkrypta dieser Kirche wurde niemals fertiggestellt, sondern irgendwann verfüllt, und auch die Ostkrypta »scheint nach den fragmentarischen Grabungsbeobachtungen kein benutzbarer Raum gewesen zu sein«, wie Matthias Untermann betont (Kat. Europas Mitte 2000, 758). Ob der gesamte Kirchenbau überhaupt jemals fertiggestellt wurde, ist nicht erwiesen. Der unerwartet frühe Tod Ottos II. und seine Beisetzung in Rom im Jahre 983, wenige Jahre nach seiner Stiftung, könnten nach Untermann die Erklärung dafür geben, daß die als Grablege vorgesehene Westkrypta überflüssig wurde. Ottos Witwe Theophanu und seine Mutter Adelheid unterstützten das Kloster Memleben zwar weiter, und auch sein Sohn Otto III. bedachte Memleben 998 mit einer Schenkung von benachbarten Weingütern. Aber Heinrich II. schränkte die Selbständigkeit der Abtei Memleben laut Thietmar von Merseburg durch Mediatisierung am 26. Januar 1015 zugunsten des von ihm 1007 gegründeten Bistums Bamberg ein. Spätestens diese Verfügung »dürfte die Einstellung aller Baumaßnahmen, zumindest aber aufwendiger Ausstattungsarbeiten erklären«, folgert Untermann (Kat. Europas Mitte 2000, 759). Erst künftige Bauuntersuchungen könnten dies klären.

Stilistisch ›verwandt‹ ist die ottonische Kirche mit ihren zwei Apsiden und Krypten mit dem karolingisch-ottonischen Kölner Dom ebenso wie mit dem Lütticher Dom, der nach 972 begonnen wurde. Vorbild für die Memlebener Westkrypta war wohl die älteste erhaltene ottonische Krypta: Gernrode, nach 959 entstanden.

Bellmann und Leopold interpretierten 1964 die Ausbildung eines Querhauses als die charakteristische Neuerung ottonischer Baukunst. An Stelle älterer querhausähnlicher Anlagen tritt in Memleben ein mächtiges Westquerhaus. Bauliche Verwandtschaft besteht zum Magdeburger Dom ebenso wie zum Dom zu Münster.

Das linke Foto zeigt die Krypta im Osten der Memlebener Kirchenruine aus dem frühen 13. Jahrhundert. Der kreuzgratgewölbte Raum der dreischiffigen Krypta mit den schlanken Säulen ist mindestens 200 Jahre jünger als die im Text beschriebene ottonische, nur archäologisch nachgewiesene Krypta. Im Unterschied zu jener hat diese die Jahrhunderte überdauert und ist als stimmungsvoller Raum heute noch erlebbar. Die Kapitelle sind stark verwittert, lassen aber noch den einst reichen Kapitellschmuck mit Figuren und Pflanzenornamenten erkennen.
Wozu Krypten in ottonischer Zeit genau dienten, ist nicht ganz klar (vgl. Rosner 1991 und S. 49). Oft, aber nicht immer, erschließen sie ein Reliquien- oder Heiligengrab und weisen einen oder mehrere Altäre auf. In Memleben ist aber kein Heiligenkult nachweisbar. In ottonischer Zeit wurden Krypten erstmals als Grablege des Stifters üblich, so daß die neuere Forschung darüber nachdenkt, ob Otto II. Memleben möglicherweise als seine eigene Grablege plante. Den Raumeindruck einer ottonischen Krypta vermag heute noch die Ostkrypta von Gernrode zu vermitteln, die 959/961 entstand (s. Foto S. 47).

Die Sühne des Sünders?

Für den Geschichtsschreiber des sächsischen Kaiserhauses, Thietmar von Merseburg, war der Attentatsversuch eine unrechtmäßige Verschwörung gegen König Otto I., über den er 1018 schrieb: »In seinen Zeiten brach das goldene Zeitalter an.« (Thietmar Chron. II 13). Aus der Sicht der ›Verschwörer‹ war das geplante Attentat die rechtmäßige Einforderung ihrer jahrhundertealten Erbrechte.

Das untere Foto zeigt eine besondere Kostbarkeit aus Stein und Stuck: den ottonischen Sarkophag des Grafen Liuthar II. von Walbeck aus dem 10. Jahrhundert. Er wurde aus der Ruine der Klosterkirche geborgen und in die Dorfkirche zu Walbeck gebracht.

Die Klosterruine des Benediktinerinnenklosters St. Andreas in Walbeck liegt an der Aller im Mansfelder Land. Nach 942 als Sühnestiftung begonnen, ist sie nur wenige Jahre älter als Gernrode (seit 959). Sie ist damit einer der frühesten ottonischen Bauten, von dem wir Kenntnis haben.

Dem Attentat gegen König Otto I. mangelt es nicht an einer gewissen Pikanterie: Einer der Verschwörer, Graf Liuthar II. (Lothar) von Walbeck, war der Großvater des angesehenen Merseburger Bischofs und Chronisten Thietmar.

Die gescheiterte Ermordung Ottos an Ostern 941 durch die eigene Familie und verbündete Adelige spiegelt die großen internen Konflikte wider, gegen die sich Otto I. in den ersten Jahren seiner Herrschaft mit aller Härte durchsetzte: Otto war als Alleinerbe der Königsherrschaft seines Vaters Heinrich I. der erste Nutznießer aus dessen revolutionärer Neuregelung, der 929 erlassenen ›Hausordnung‹. Darin ordnet Heinrich sein Haus. Er regelt die Thronfolge nunmehr nach dem Primogenitur-Prinzip und versorgt auch die Ehefrau und die Kinder mit Ämtern.

Seit 929 wurde das Reich nicht mehr, wie Jahrhunderte lang üblich, auf die legitim geborenen Söhne aufgeteilt. Stattdessen wurde der Älteste Thronfolger. Diese Neuregelung sollte die Zersplitterung des Reiches verhindern. Doch für den jungen König hieß das zunächst, die Schlacht in der eigenen Familie zu gewinnen. Da die ›Hausordnung‹ gegen die gewohnte Erbtradition verstieß, erschien sie vielen ungerecht. Otto I. hatte sich zunächst gegen seinen älteren Halbbruder Thankmar, und dann noch gegen den jüngeren Bruder Heinrich durchzusetzen. Thankmar fand

Das Benediktinerinnenkloster St. Andreas in Walbeck wurde im 17. Jahrhundert als Steinbruch benutzt. Heute betritt man die Kirchenruine durch ein Rundbogenportal im Westen, dessen Quadermauerwerk mehrere Bauphasen erkennen läßt (rechte Seite).
(Straße der Romanik Nr. 6)

Nicht immer wurden kostspielige Klöster so ganz freiwillig gegründet. Eine der frühesten Gründungen aus der Herrschaftszeit der Ottonen ist das ehemalige Benediktinerinnenkloster St. Andreas in Walbeck. Es verdankt sich dem gescheiterten Putschversuch gegen Otto den Großen im Jahre 941, dem sechsten Jahr nach seinem Regierungsantritt. Der aufständische Graf Liudolf II. von Walbeck bezahlte zwar nicht mit seinem Leben, aber mit einem Kloster. Mehr als tausend Jahre später ist die Klosterruine zu einem idyllischen Ausflugsziel hoch über der Aller geworden.

938 an einem Kirchenaltar den Tod. Heinrich überlebte – Otto überließ ihm überraschenderweise das Herzogtum Bayern.

In dieser Großzügigkeit, oder besser: in diesem ungelösten Bruderstreit, sollte der Beginn der generationenlangen Rangeleien zwischen Bayern und Sachsen begründet liegen. Denn der Sohn dieses Heinrich, der Bayernherzog Heinrich mit dem Beinamen ›der Zänker‹, entführte später das Enkelkind von Otto I., den Thronfolger Otto III., um sich des lange ersehnten Thrones zu bemächtigen. Der Sohn des Zänkers schließlich schaffte es: Er wurde als Heinrich II. König. Rückblickend war der kinderlose Heinrich der letzte ›Ottonenkaiser‹. Es ist verständlich, daß er als Bayer nicht mehr an den ›alten‹ sächsischen Pfalzen der Harzregion hing, sondern seine Königsgüter in Bayern bevorzugte und Bamberg gründete.

Keine freiwillige Klostergründung

Begonnen hatte der Anspruch auf den Thron unter Heinrichs Großvater, der nicht müde wurde, unter den sächsischen Adeligen immer wieder neue Verbündete gegen seinen Bruder Otto I. zu mobilisieren. Der Anspruch auf die Krone gipfelte in dem Attentatsversuch an den traditionellen Osterfeierlichkeiten 941 in Quedlinburg. Der Plan flog auf – aber die verfeindeten Brüder überlebten beide.

Die Rädelsführer, darunter auch Graf Liuthar II. von Walbeck, der Großvater des Bischofs Thietmar von Merseburg, wurden getötet oder festgenommen. Liuthar fand Gnade. Er kam mit dem Leben davon. Sein Enkel, der Bischof, schreibt fast acht Jahrzehnte später dazu:

»Mein schon erwähnter Großvater Liuthar hatte sich nach seinem Vergehen gegen seinen Herrn und König ernsthaft bemüht, seine Schuld wieder gut zu machen. Deshalb stiftete er in Walbeck zu Ehren der hl. Gottesmutter ein Kloster, zu dessen Propst er Williges ernannte: für ihren Bedarf an Nahrung und Kleidung schenkte er den Brüdern den zehnten Teil seines Erbgutes.« (Thietmar Chron. VI,43).

Durch diese Ereignisse kann der ottonische Klosterbau auf ›nach 941‹ datiert werden. Das steingewordene Zeichen der Reue erhebt sich heute als Ruine auf einer idyllischen Bergkuppe oberhalb des Ortes Walbeck. Dort wurde auch am 25. Juli 975 Thietmar geboren. Erzogen in Magdeburg, wurde er 1009 zum Bischof von Merseburg geweiht.

Völlig verarmt und in Ungnade gefallen war der streitbare Liuthar durch seine Klosterstiftung allerdings nicht, denn er wurde in einem prachtvollen Stucksarkophag beigesetzt. Diese frühottonische Rarität von großem historischen Wert ist in der Dorfkirche St. Michaelis in Walbeck zu sehen (s. Foto S. 26).

Das kleine Foto zeigt das Innere der Pfeilerbasilika in Walbeck von Ost nach West, den Blick auf die hohe Querschiffmauer und den Triumphbogen. Im Hintergrund steht der Rest des um 1100 entstandenen Westwerks, das zur Verteidigung angelegt und wohl 1219 mit Aufgabe der Burg abgerissen wurde.

Die wichtigste Bistumsgründung von Otto I.

Magdeburg, die Landeshauptstadt von Sachsen-Anhalt, ist nach den Bombardierungen im Zweiten Weltkrieg als moderne Großstadt aufgebaut worden. Die mittelalterlichen Kirchen auf dem Domberg über der Elbe erinnern an die Blütezeit der Residenzstadt unter dem Kaiserpaar Otto I. und Edgith (Editha).

Das Wahrzeichen Magdeburgs, der gotische Dom, erhebt sich am linken Elbufer etwa an dem Ort, an dem sich im 10. Jahrhundert die königliche Palastanlage ausdehnte. Otto I. plante Magdeburg als östliches Pendant zu Aachen und als ›Neues Rom‹. Bischofssitz und Kaiserresidenz sollten gleichsam an einem Ort verschmelzen.

Wer auf einer Romanikreise tagelang durch die wasserreiche Landschaft der Altmark, durch die Wälder des Harzes oder die lieblichen Täler von Saale und Unstrut gefahren ist und Autobahnen gemieden hat, könnte beim ›Einfallen‹ in die moderne Landeshauptstadt Magdeburg einen Großstadtschock bekommen. Wäre Magdeburg besser als Ausgangspunkt für eine Romaniktour geeignet? Wegen der zentralen Lage und der Bedeutung als wichtigste Erzbistumsgründung Ottos des Großen empfiehlt dies die Route der ›Straße der Romanik‹.

Überlegenswert ist, je nach Gemüt, Stimmung und Wissen über die Ottonen, ob sich der Reisende nicht lieber auf ein langsames Herantasten durch die unterschiedlichen Landschaften einlassen will. Denn ottonische Baukunst ist vor allem kaiserliche, von einem christlichen Sendungsbewußtsein durchdrungene Herrschaftskunst, und diese ist von unserem hektischen, profanisierten Alltag tausend Jahre – und noch weiter – entfernt.

Nach der verheerenden Zerstörung im Zweiten Weltkrieg wurde Magdeburg neu aufgebaut. In der lebendigen Großstadt mit ihren breiten Verkehrsachsen geraten Geschichte und Gegenwart zuweilen in ein knirschendes, oder besser hupendes, Getriebe. Anders ausgedrückt: Wie kann es ein Mensch des 21. Jahrhunderts, der es gewohnt ist, in Shopping-malls nahezu alles kaufen zu können, nachvollziehen, was es bedeutete, wenn Otto der Große 968 seine Residenz Magdeburg zum Erzbistum erhob? Oder: Wie soll man an archäologischen Erdschichten und Fundamenten den Reichtum und die Pracht seines Königspalastes beschreiben?

Bilder von Magdeburg nach 1945 zeigen das vormalige Industriezentrum genauso zerbombt wie Berlin, Frankfurt oder Dresden. Respekt verdienen die vielen Frauen, die Stein für Stein die Trümmer aus Magdeburg geschleppt haben, ebenso wie jene Menschen, die den ältesten gotischen Dom Deutschlands und das romanische Kloster Unser Lieben Frauen retteten. Die den Mut und Weitblick besaßen, die Ruinen in Zeiten von Hunger und Mangel zu sichern, um sie später restaurieren zu können. Das Kloster Unser Lieben Frauen ist heute die älteste Kirche der Stadt und neben dem Dom eine Oase der Kunst und Musik.

Magdeburg wird Ottos I. ›Neues Rom‹

Der ottonische Palast befand sich dort, wo heute der Domplatz liegt (s. Lageplan S. 35). Unter dem Domplatz liegen die Fundamente der vor über tausend Jahren mit legendärer Pracht ausgestatteten, weiträumigen königlichen Pfalzanlage Ottos des Großen. Die Rekonstruktionsvorschläge nach den Grabungen (vor allem von Ernst Nickel) werden seit dem Ottonenjahr 2001 neu diskutiert. Weiterführen könnte der Vorschlag von Sven Schütte, die Trierer Kaiserthermen als ein mögliches Vorbild mit zu bedenken.

Otto I. kannte antike Bauten aus eigener Anschauung. Er hatte sich sechs Jahre in Italien aufgehalten und von Ravenna aus regiert. Seit 962 ließ er auf dem mühevollen Landweg antikes Baumaterial, Marmorsäulen, Kapitelle, Gold und Hunderte Reliquien über die Alpen nach Magdeburg bringen, das er als ›Neues Rom‹ auszubauen gedachte.

Die Fotos auf den vorhergehenden Seiten zeigen ein thronendes Herrscherpaar. Es wurde auf leichte Untersicht angelegt und viel später in der sechzehneckigen Heilig-Grab-Kapelle des Magdeburger Domes in Augenhöhe der Betrachter aufgestellt. Lange galten die von einem unbekannten Meister wohl nach 1250 geschaffenen Skulpturen als posthume Darstellung des Kaiserpaars Otto I. und Edgith. Denn Otto und seine erste Gemahlin wurden noch lange nach ihrem Tode als Herrscherpaar verehrt. Inzwischen wurde darauf hingewiesen, daß diese Plastik der Hochscholastik einem sehr viel komplexeren theologischen Programm unterliegt: Die Dargestellten sind demnach als Personifikationen des Himmlischen Brautpaares Christus und Ecclesia (seine Kirche, zugleich auch Maria) zu interpretieren (Eberhard Oettinger in: Pantheon 2000, 4–8). Auftraggeber war vermutlich der gelehrte Prämonstratenserabt Willibrand (1235–1253), der mit der Anzahl der 19 Kugeln auf der runden Scheibe viele zahlensymbolische Bezüge herstellt. Die Züge der offenbar noch jugendlichen Persönlichkeiten wurden fein durchgestaltet. Beide tragen langes Haar, und das der Königin fällt offen. Es weist sie als Jungfrau aus. Wie bei antiken Herrscherbildnissen schauen beide den Betrachter an. Ganz leicht ist die Sitzhaltung des Königs (rechtes Knie und rechte Schulter) zur Königin gewandt.
(Straße der Romanik Nr. 1)

Der heutige, gotische Dom wurde seit 1209 errichtet, nachdem ein Feuer 1207 den ottonischen Kaiserdom schwer beschädigt hatte. Der gebildete und weitgereiste Erzbischof Albrecht II. von Käfernburg (1205–1232) hatte zuvor den neuen französischen Stil, die Gotik, kennengelernt. Albrecht setzte seinen gotischen Neubau gegen viele Proteste durch.

In einem bezugreichen theologischen Programm wurden viele Säulen und Skulpturen aus dem ottonischen Dom darin weiterverwendet und in den Chor des gotischen Doms eingebaut. Dazu zählen auch die von Otto I. aus Italien geholten Marmorsäulen, Kapitelle mit eingelassenen Reliquien, Sarkophage sowie das Taufbecken im Westen des Langhauses.

Ottos des Großen erste Gemahlin, die angelsächsische Prinzessin Edgith, stirbt am 26. Januar 946. Sie wird vermutlich in der neuen Krypta des Mauritius-Klosters beigesetzt, die Otto 937 als Familiengrablege gestiftet und reich ausgestattet hatte. Das genaue Aussehen dieser ersten Krypta ist nicht ganz klar (Rosner 1991, 276). Thietmar berichtet, daß Otto I. nicht nur antike Säulen, Kapitelle, Marmor, Gold und Edelsteine, sondern auch ›viele Leiber von Heiligen aus Italien nach Magdeburg bringen‹ ließ (Thietmar Chron. II, 16, 17). Von größter Bedeutung war für Otto I. der ›Leib des hl. Mauritius und einiger seiner Gefährten‹ (vgl. dazu Laudage 2001). Die Klosterkirche wird noch zu Ottos Lebzeiten fertiggestellt. Er selbst wird nach seinem Tode in Memleben nach Magdeburg überführt und neben seiner ersten Gemahlin Edgith bestattet. Die Grabstätten des Kaiserpaares sind noch lokalisierbar. Ottos Grablege befand sich an Stelle des nördlichen Chorflankenturmes. Sein schlichter Sarkophag ist im Dom erhalten.

Bereits Karl der Große, Ottos politisches und ideologisches Vorbild, hatte im eroberten Sachsenland über 150 Jahre zuvor als strategischen Stützpunkt das Bistum Halberstadt (s. S. 82) gegründet. Ein Bischof war stets ein Vertrauter des Königs. Er wurde üblicherweise in dessen ›Hofkapelle‹ ausgebildet, vom König ernannt und gesalbt – aber erst, nachdem er zuvor auf seinen König den Treueid geschworen hatte.

Seit Karl dem Großen saßen Bischöfe an der Schaltstelle der Macht und waren klugerweise enge Verwandte des Königs. Otto I. knüpfte an dieses bewährte System der Franken an und baute gemeinsam mit seinem Bruder Brun, den er als Erzbischof von Köln einsetzte, die Hofkapelle systematisch als eine Institution aus, die die kaisertreuen Bischöfe sowie den Thronfolger und andere Adelige erzog.

Damit lagen kaiserliche und religiöse Herrschaft im 10. Jahrhundert in den gleichen Händen. Nicht zufällig hießen die mutigen Männer der ersten Stunde, die zu den Feinden, den ›Heiden‹ vordrangen, ›Missi‹ (lat.: ›Geschickte‹), Missionare: Boten des Königs. Otto I. kämpfte jahrelang darum, gegen die konkurrierenden Bischöfe von Halberstadt und Merseburg, seiner aufwendig ausgebauten Kaiserresidenz auch den Rang eines Erzbischofssitzes zu verleihen. Diese Verbindung aus Regnum und Sacerdotium, aus weltlicher und geistlicher Macht, symbolisiert seinen Herrschaftsanspruch und seine Politik.

Trotz des todesmutigen Einsatzes vieler überzeugter Männer hatten die christlichen Eroberer grundsätzlich im 10. Jahrhundert östlich der Elbe alle Mühe, die Slawen zu besiegen und zu missionieren. Halberstadt sollte für lange Zeit das einzige Bistum östlich der Elbe bleiben. Denn der Kampf zwischen sächsischen Königen und slawischen Stammesverbänden erwies sich für beide Seiten als jahrzehntelanges, zähes, von Opfern begleitetes Tauziehen um die Vorherrschaft, das in dem großen Slawenaufstand des Jahres 983 gipfelte. Dieser Teilsieg der slawischen Verbände 983 bedeutete für die Sachsen einen Schock und einen Rückschlag zugleich. Die Gebiete östlich der Elbe waren für die nahe Zukunft verloren.

Sachsen und Slawen hatten in diesen Schlachten viel zu verlieren. Für beide ging es um das Fortbestehen ihrer Kultur. Beide waren von der Rechtmäßigkeit ihres Kampfes überzeugt. Für Otto war darüber hinaus die Missionierung der Elbslawen aufs engste mit seiner angestrebten Kaiserkrönung durch den Papst in Rom verknüpft. Davon versprach er sich zugleich die Herrschaft über Rom und Oberitalien.

Feinde von außen und innen

Unmittelbar nach seiner Königskrönung in Aachen reiste der 23jährige Otto I. 936 deshalb an die Elbe, die Ostgrenze seines Reiches. Dort drohten ihm nicht nur feindliche Slawen, sondern auch seine rebellierenden Brüder. Wehmütig mag er in seiner Magdeburger Residenz an die Jahre vor seiner Krönung gedacht haben: Seit sieben Jahren war er mit der angelsächsischen Prinzessin Edgith (Editha) verheiratet, mit der er zwei Söhne hatte. Da die Quellen bis zu Ottos Königskrönung 936 über die junge Familie des Thronfolgers schweigen, wird angenommen, daß sich Otto und Edgith in diesen sieben Jahren

Der Chorumgang des Magdeburger Domes beherbergt frühmittelalterliche Skulpturen und Grabmäler von hoher Qualität. Auch die Grabplatte des Erzbischofs Friedrich von Wettin (gest. 1152) läßt auf die hohe Qualität der im 12. Jahrhundert in Magdeburg ansässigen Bronzegusswerkstatt schließen.

Für den Besuch des gotischen Magdeburger Domes sollte man sich viel Zeit nehmen, denn er hütet zahlreiche bedeutende Kunstwerke des Mittelalters. Den Chor schmückt ein einzigartiges Skulpturenprogramm aus dem 13. Jahrhundert mit Aposteln und Heiligen, wie den afrikanischen Ritter Mauritius, den Otto I. ganz besonders verehrte und zum Reichsheiligen erhob.

Reste des Vorgängerbaus des heutigen Domes, des von Otto 942 gegründeten Mauritiusklosters, stecken teilweise im Chor, in der Krypta sowie im Kreuzgang (s. auch Lageplan unten). Der Sarkophag des Kaisers Otto I. mit einer antiken Marmorplatte steht heute vor dem Hochaltar des gotischen Doms. Auch das Taufbecken (im Bildvordergrund), vermutlich ein antiker Brunnen, rührt noch aus dem Vorgängerbau (rekonstruierter Grundriß unten).

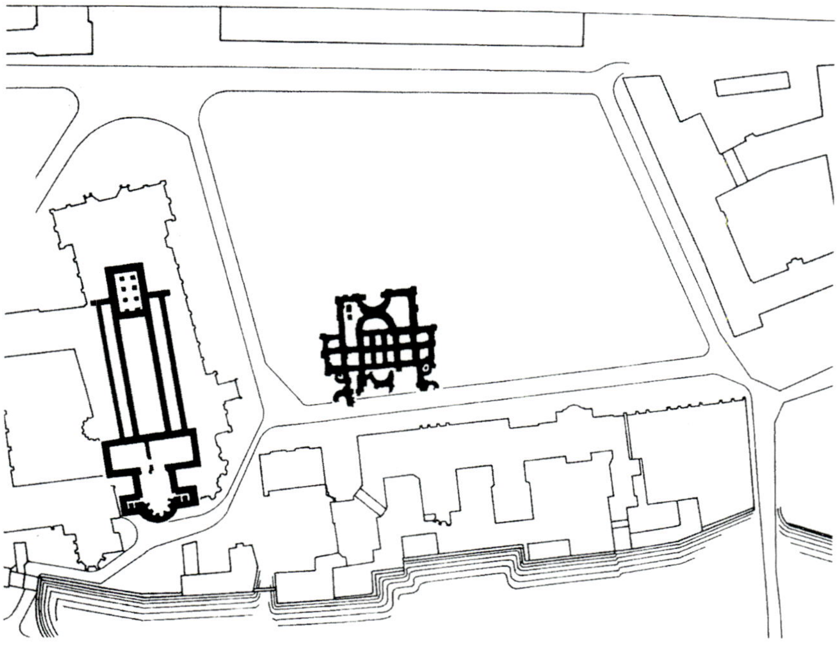

Der Lageplan zeigt den ottonischen Dom und die Pfalzreste (nach Gerhard Leopold, Ernst Nickel und Cord Meckseper). Diese kaiserliche Kathedrale war eine zur Elbe ausgerichtete dreischiffige, flachgedeckte Basilika ohne Stützenwechsel mit einem Querschiff im Osten und einer Apsis zwischen zwei Chorflankentürmen. Unter dem Chor lag die Krypta, die als königliche Grablege geplant war. Im Süden schlossen sich Klausur und Kreuzgang an. Dem Westbau war ein Atrium vorgelagert, wie es auch für die Basilika San Apollinare in Classe in Ravenna rekonstruierbar ist. Die Wände waren mit farbenprächtigen Fresken bedeckt.

Der ›Magdeburger Reiter‹ wurde um 1240 geschaffen und gilt als erstes freistehendes Reitermonument nördlich der Alpen. Ursprünglich stand die Skulpturengruppe auf dem Alten Markt in Magdeburg, gegenüber der Gerichtslaube, dem späteren Rathaus. Das restaurierte Original ist heute im Kaiser-Otto-Saal des Kunsthistorischen Museums Magdeburg zu sehen. Dieser bis März 2001 ›Magdeburger Saal‹ genannte zentrale Raum des Museums wurde ebenfalls aufwendig wiederhergestellt. Unter dem Putz verbarg sich das monumentale, nun wieder freigelegte Wandgemälde von Arthur Kampf, der zur Eröffnung des Museums im Jahre 1906 drei Lebensabschnitte des Kaisers Otto I. darstellte (ohne Foto).

meist in Magdeburg aufhielten. Möglicherweise war ihnen dort sogar bis zu Ottos Krönung eine relativ unbeschwerte Zeit beschieden. Zumindest fällt auf, daß das Königspaar für eine dynastisch bestimmte Eheschließung eine ungewöhnlich enge Vertrautheit pflegte (s. auch Laudage 2001). Was die beiden wirklich verband, bleibt freilich deren Geheimnis.

In Magdeburg, einem günstigen Elbübergang, trafen sich spätestens seit dem 8. Jahrhundert wichtige Fernhandelsstraßen, im Jahre 805 wird Magdeburg erstmals erwähnt. Im Ehevertrag 929/930 sichert Otto seiner Braut Edgith den Königshof Magdeburg vertraglich als Morgengabe zu. Hier plant er den Hauptsitz seines Reiches als ›Neues Rom‹ (Roma nova) und zukünftige Grablege der königlichen Familie. Er baut die Pfalz aus und gründet 942 – an der Stelle des heutigen gotischen Doms – ein dem Heiligen Mauritius, seinem Reichsheiligen, geweihtes Benediktinerkloster, dem er wiederholt großzügige Stiftungen zukommen läßt. Als 946 Königin Edgith stirbt, kann sie bereits in der Krypta beigesetzt werden. Reste dieser Krypta wurden ergraben. Fünf Jahre nach dem Tod seiner ersten Frau heiratet Otto mit fast 40 Jahren 951 die 19jährige Königin Adelheid, die Witwe des italienischen Königs Lothar. 955 wird der gemeinsame Thronfolger geboren, der nach dem Tode Ottos des Großen 973 als Otto II. die Regentschaft antritt.

Bevor Otto I. von Magdeburg aus Missionare schicken und weitere Bischofssitze im Slawengebiet installieren kann, muß er zunächst die aufständischen Slawen dauerhaft militärisch unter Kontrolle bringen. Dazu gründet er gleich nach seiner Krönung 936 zwei Markgrafschaften und überträgt die Herrschaft darüber zwei Vertrauten, die sich als Heerführer und Eroberer schon bewährt hatten: Hermann Billung erhält die Nordmark und Graf Gero die Ostmark (s. S. 40, Gernrode).

Zwölf Jahre später, 948, richtet Otto I. in den eroberten slawischen Stützpunkten Havelberg (s. S. 58) und Brandenburg Bistümer ein und setzt damit die Tradition Karls des Großen fort. (Schon 983 muß sein Sohn Otto II. die beiden Bischofssitze wieder aufgeben – der Kampf beginnt von vorne.)

Bevor Otto I. 955 in der Schlacht auf dem Lechfeld den entscheidenden Sieg über die Ungarn erringt und ihn sein Heer zum ›Vater des Vaterlandes und Kaiser‹ (›pater patriae imperatorque‹) ausruft, verspricht er Gott eine Kirche – so formuliert es der Chronist Thietmar.

Die Klosterkirche Unser Lieben Frauen war das bauliche Vorbild für den Umbau des romanischen Domes zu Havelberg. Dessen Langhaus wurde (nach dem Brand 1279) wie die Magdeburger Liebfrauenkirche gotisch umgebaut. An der Langhausarkade beider Kirchen ist abzulesen, wie der gotische Neubau in den romanischen Vorgänger eingefügt wurde. Die Verbindung zwischen Magdeburg und Havelberg kam über den gemeinsamen Orden der Prämonstratenser, nachdem der Ordensgründer Norbert von Xanten 1126 Erzbischof von Magdeburg geworden war.

Die Klosterkirche Unser Lieben Frauen ist heute die älteste erhaltene Kirche Magdeburgs. Der erste Bau entstand unter dem Magdeburger Erzbischof Gero nach 1017, der zweite nach 1064 unter Erzbischof Werner, dem Bruder des Kölner Erzbischofs Anno und zugleich einem der mächtigsten Männer seiner Zeit. Die Basilika Werners mit der Krypta ist heute noch erkennbar. Die dritte Veränderung erfolgte nach 1129, als Erzbischof Norbert von Xanten, Gründer des Prämonstratenserordens, das Kloster seinem Orden übergab. Von hier gründeten die Prämonstratenser 15 Tochterklöster in der sächsischen Ordensprovinz.

Das Klostergebäude wurde im Zweiten Weltkrieg stark beschädigt, aber bald danach gesichert und wieder aufgebaut. Seit 1975 unterhält die Stadt hier ein kulturelles Zentrum. Die Kirche wurde zum Konzertsaal umgestaltet, während die Klausur das Kunstmuseum mit seinem Sammlungsschwerpunkt zeitgenössischer Skulptur beherbergt.

Ottos Sieg auf dem Lechfeld 955

Der Lechfeld-Sieg im Jahre 955 schuf die Voraussetzung dafür, daß in der Königslandschaft Sachsen die ersten Großbauten aus Stein entstehen konnten. Sachsen war ein junges Grenzland ohne kulturelle Tradition. Gemeint ist damit, daß es ein Land ohne römisch-christliche Tradition war. Denn die bestehende slawische Kultur hatte selbstverständlich eine Tradition – allerdings keine, die sich in steinernen Großbauten auszudrücken suchte.

Zu den ersten Steinbauten in Sachsen zählen die ergrabene Mauritiuskirche in Magdeburg (seit 955), die mit Sicherheit großen Einfluß auf das Baugeschehen hatte, außerdem St. Cyriakus in Gernrode (961) und die ebenfalls nur archäologisch nachgewiesene Klosterkirche in Memleben (ab 979). Otto konnte durch seinen Sieg die paralysierende Angst vor den Raubzügen der Ungarn bannen, die jahrzehntelang Westeuropa bedroht hatten. Diese – relative – Ruhe brachte eine wirtschaftliche Belebung in Europa mit sich.

Die jahrhundertealten Fernhandelsstraßen wurden wieder bereist, kaufmännische und kulturelle Verbindungen über die Alpen nach Oberitalien, und über Ravenna, Rom und Venedig in die arabischen Länder, geknüpft. Ingwer, Pfeffer, Nelken, Zimt, Salbei und andere Gewürze, Weihrauch und Myrrhe, Feigen, Wein, andalusisches Öl, kastilischer Alaun zum Gerben, kostbare Stoffe, Stickereien und vieles mehr gelangten aus dem ›Morgenland‹ in das ›Abendland‹ und bereicherten die europäischen Höfe ebenso wie die Speisetafeln in den Klöstern und Stiften. Folgenreich waren auch die kulturellen Verbindungen, die die Musik, die Literatur, Theologie und Philosophie und nicht zuletzt die Baukultur bereicherten. Nicht nur Karl der Große hatte Baumeister und Baumaterial aus Ravenna über die Alpen gebracht, sondern auch Otto der Große schafft nun antikes Material in großen

Das Foto zeigt die kreuzgratgewölbte, dreischiffige Hallenkrypta mit Würfelkapitellen im Osten der Klosterkirche Unser Lieben Frauen, die der Bauphase unter Erzbischof Werner (seit 1064) zugeschrieben wird. Von der Krypta des ottonischen Domes sind dagegen nur Reste ergraben, die nicht ausreichen, um die bauliche Gestalt dieser ›königlichen‹ Krypta überzeugend zu rekonstruieren. Damit fehlt der Bauforschung ein entscheidender Schlüsselbau zum Verständnis jüngerer Nachfolgebauten. (Rosner 1991, 36/37).

Mengen in das kulturell hinterwäldlerische sächsische Grenzland und nach Magdeburg. Es folgen erfahrene Handwerker und Baumeister aus dem Südosten.

Seit Otto I. sieben Jahre nach dem Sieg auf dem Lechfeld 962 in Rom die Kaiserkrone erhielt, ist das sächsische Reich auch politisch mit dem römischen und oberitalienischen Reich verbunden. In einer folgenreichen Urkunde (›Privilegium Ottonianum‹) legt Otto I. fest, daß der Papst vor seiner Wahl den Treueid auf den Kaiser schwören muß. Das deutsche und das italienische Reich sind damit vereint, und der mächtigste Mann der (weströmischen) Kirche ist vom mächtigsten Kaiser (Westeuropas) abhängig. Der Kampf zwischen weltlicher und geistlicher Macht ist damit allerdings nicht ausgestanden, sondern sorgt jahrhundertelang für Streit.

Als es Otto I. kurz vor seinem Tod gelingt, 972 seinen Sohn mit einer byzantinischen Prinzessin zu verheiraten, bindet er durch diese ›Griechin‹ Theophanu sein junges Reich an das alte byzantinische Ostreich mit seiner kulturell unvergleichlich hoch stehenden Metropole Konstantinopel. Durch Theophanu, die in oströmischen Adelskreisen mit allem denkbaren Reichtum aufgewachsen war und der es an Bildung und Kultur nicht mangelte, kam ein gänzlich neuer, ein von der oströmischen Kultur geprägter Glanz in die sächsische Königsfamilie. Dieser byzantinische Einfluß ist nicht hoch genug zu bewerten. Angesichts dieser gebündelten außenpolitischen Erfolge wundert es nicht, daß Otto I. noch zu Lebzeiten ›der Große‹ genannt wurde. Magdeburg war für ihn strategisch und religiös wichtig, außenpolitisch sicherlich Rom.

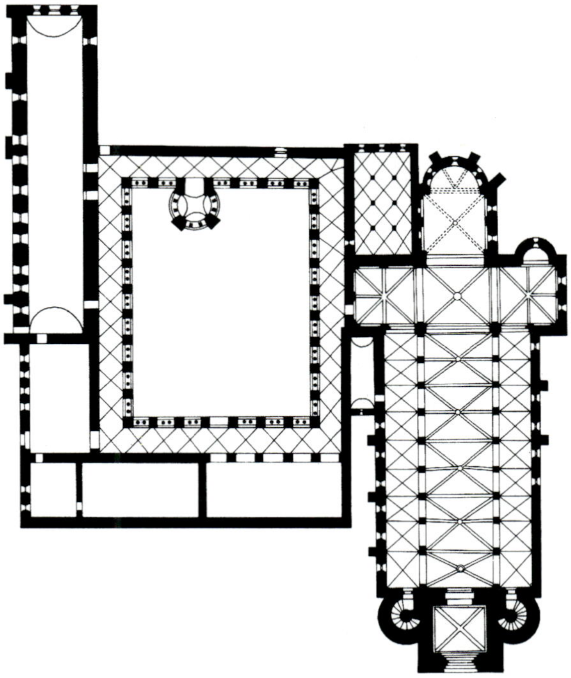

Der Ordensgründer der Prämonstratenser und Erzbischof von Magdeburg, Norbert von Xanten, siedelte seit 1129 Mönche seines neuen Ordens in dem bereits bestehenden Magdeburger Kloster Unser Lieben Frauen an. Diese Mönche bauten den heute noch erhaltenen Kreuzgang mit dem Brunnenhaus, das als ältestes erhaltenes Lavatorium in Deutschland gilt. (Foto oben und im Grundriß am Ostflügel des Kreuzgangs eingezeichnet)

Gernrode

Ein Heiliges Grab im Harz

Die Stiftskirche St. Cyriakus in der kleinen Harzstadt Gernrode gilt zu Recht als ein Höhepunkt romanischer Baukunst. Sie ist das einzig erhaltene frühottonische Bauwerk in Sachsen-Anhalt, sie birgt die älteste Krypta dieser Zeit, und wie durch ein Wunder hat im südlichen Seitenschiff ein einzigartiger Raum aus Stuck die Zeiten überdauert: die älteste Nachbildung des Grabes Christi in Deutschland.

Der Sage nach verdankt das reiche und vornehme Damenstift St. Cyriakus in Gernrode seine Entstehung, ebenso wie zuvor Walbeck, der Reue über eine hinterhältige Tat. Demnach quälte das schlechte Gewissen den Markgrafen der Ostmark, Gero, einen – zunächst – engen Freund Ottos des Großen: Gero hatte 30 slawische Fürsten auf dem Gewissen, für die seine heimtückische Essenseinladung nach reichlichem Weingenuß tödlich endete. Wahrheit oder Dichtung – die Überlieferung zeigt einmal mehr, daß die Sachsen im 10. Jahrhundert mit vielen Mitteln um ihre Vorherrschaft über die ortsansässigen, sich über Jahrzehnte zäh verteidigenden Slawen kämpfen mußten.

Belegt ist, daß Gero, Markgraf der Ostmark (reg. 937–975), das Damenstift 961 am Nordrand des Harzes, in der Nähe des kaiserlichen Pfalzortes Quedlinburg, auf eigenem Besitz gründete und dem Stift – gemeinsam mit seinem todkranken, kinderlosen Sohn Siegfried – das gesamte Familienvermögen vermachte. Gero besaß hier einen befestigten Grafensitz, der nach ihm ›Geronisroth‹ genannt wurde. Dazu muß eine Siedlung zur Versorgung gehört haben. 1136, mehr als 200 Jahre später, wird erstmals der Ort Gernrode erwähnt.

Gernrode kämpft weiter

Heute, über tausend Jahre nach den ebenso mörderischen wie frommen Anfangstagen, präsentiert sich Gernrode in landschaftlich reizvoller Lage. Doch die gute Waldluft und die berühmte Kirche helfen den Menschen in diesem ländlichen Teil Deutschlands wenig, denn sie ringen mit unübersehbar großen Problemen. Von 8.000 Einwohnern ist seit der ›Wende‹ 1989 fast die Hälfte in den Westen abgewandert, weil es keine Arbeit gibt – zumindest keine für Geld. 4.300 Seelen zählt Gernrode im Jahre 2001. Bei diesem schnellen Rückgang wirkt es wie ein kleines Wunder, daß man die frischen Brötchen noch bei einem alteingesessenen

Die Westfassade von Gernrode ist nicht mehr ottonisch. Unter der Äbtissin Hedwig III. fand im zweiten Viertel des 12. Jahrhunderts eine umfangreiche Umgestaltung der Kirche und besonders der Westteile statt. Hedwig gab auch die ottonische Westempore der Äbtissin Hathui auf und baute einen Westchor mit der bestehenden Krypta und der Apsis. Die ottonischen Treppentürme ließ sie um die oberen beiden Geschosse erhöhen. Das heutige Bild wird stark durch die Rekonstruktion unter Ferdinand von Quast (bis 1872) bestimmt.

Die Deutsche Stiftung Denkmalschutz konnte einen Stifter finden, der seit 1995 zur Baupflege der Kirche beiträgt. (Straße der Romanik Nr. 37)

Das Foto auf der linken Seite zeigt einen Ausschnitt aus dem sogenannten Heiligen Grab in Gernrode. Diese Doppelkammeranlage, die wohl erst um 1080 entstand, ist innen und außen mit Stuckreliefs besetzt, die die Auferstehung Christi thematisieren. Nach Ostern war das Grab leer. Das Osterfest, das an die Auferstehung des Gottessohnes erinnert, wurde unter den Ottonen als höchstes christliches Fest neben Weihnachten besonders aufwendig, meist in Quedlinburg, zelebriert und als Demonstration des Glaubens und der Macht genutzt. Im Servatiusstift in Quedlinburg liegen die Eltern Ottos des Großen begraben. Otto verband die ›memoria‹, das Totengedenken seiner Familie, mit den Osterfeierlichkeiten, die die Hoffnung auf die Auferstehung aller ausdrücken. Das Heilige Grab in Gernrode verdeutlicht diesen zentralen Glaubensinhalt. Die Abbildung auf der gegenüberliegenden Seite zeigt eine von den Evangelistensymbolen (Löwe, Stier, Widder, Adler) und antikisierten Ranken gerahmte weibliche Figur. Möglicherweise verkörpert sie die Stifterin.

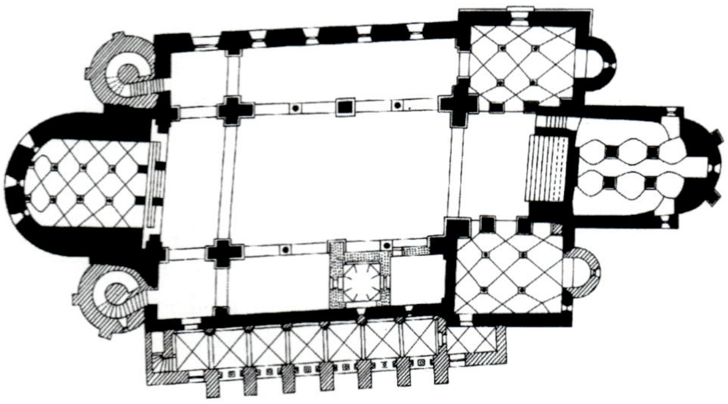

Das obere Foto zeigt die ehemalige Benediktinerinnen-Stiftskirche St. Cyriakus in Gernrode von Süden.

Die dreischiffige Basilika mit östlichem Querhaus und mächtiger westlicher Doppelturmfassade wurde gegen 1170 um einen südlichen Kreuzgang erweitert. Davon ist noch der Nordflügel erhalten (s. Grundriß und Foto).
Warum der gesamte Kirchenbau eine so auffällige Verschiebung im Langhaus hat, konnte bislang nicht schlüssig erklärt werden.

Bäckermeister kaufen kann. In dieser Bäckerei gibt man sich die Klinke in die Hand, und mancher Kirchenbesucher wurde in dem winzigen Verkaufsraum wieder mit der Welt ausgesöhnt.

Kann sich Gernrode glücklich schätzen, ein riesiges Baudenkmal von europäischem Rang zu besitzen? Zur Zeit fehlen Menschen, die sich systematisch darum kümmern können. Es fehlt Geld. Und es fehlt auch die Hoffnung darauf, daß es besser werden könnte. Etliche der alten Fachwerkhäuser in Gernrode stehen leer. Die meisten Bewohner können hier wie in anderen Harzstädtchen, etwa Osterwieck oder Quedlinburg, eine wechselvolle Lebensgeschichte erzählen. Die Pfarrerin pendelt zwischen mehreren Gemeinden. Der Küster ist seit April 2001 im Ruhestand. Aber natürlich kümmert er sich weiterhin um die Kirche, denn »wer soll es denn sonst machen?«

Diese selbstverständliche Art, wie sich Anwohner um ›ihre‹ Kirche kümmern, den Schlüssel bereithalten, Wege rechen, Unkraut zupfen, Müll aufsammeln, die Kirche putzen, lüften und schmücken, werden aufmerksam Reisende überall in Sachsen-Anhalt antreffen. Diese Menschen gehören ebenso zum Besonderen der Baudenkmale wie ihre glanzvolle Vergangenheit. Dieser unprätentiösen Sorge verdanken sie ihr Bestehen.

Wo es vorkommen mag, daß Reisende einmal vor einer verschlossenen Kirchentür stehen, hilft ein handschriftlicher Zettel am Portal, ein Friedhofsbesucher, oder spätestens jemand in der nächsten Dorfkneipe weiter. Vor tausend Jahren waren Kirchen immer belebt, aber heute wissen kleine Gemeinden oft nicht, wie sie den unbeaufsichtigten Opferstock und den Altarschmuck vor Vandalismus schützen und zugleich das Gotteshaus weiter geöffnet halten können. Vor diesem Hintergrund ist es um so erstaunlicher, in welchem guten Zustand sich die meisten der vielen romanischen Baudenkmale in Sachsen-Anhalt befinden.

Heute betritt man die auf einem Hügel stehende, weithin sichtbare evangelische Pfarrkirche St. Cyriakus durch ein Portal an der Nordseite – im 10. Jahrhundert hätte man keine Chance gehabt, sich diesem neben Gandersheim und Essen vornehmsten, reichsunmittelbaren Damenstift auch nur zu nähern. Die erste Äbtissin Hathui aus der Familie der Billunger war die Nichte der Königin Mathilde. Hathui reiste zu höfischen Empfängen und geistlichen Weihen und empfing ihrerseits in Gernrode standesgemäß die

Das untere Foto zeigt die Stiftskirche in Frose, deren heutige Gestalt nicht mehr ottonisch ist, sondern auf das 12. Jahrhundert zurückgeht. Den ottonischen Vorgängerbau stiftete Markgraf Gero nach seiner Romreise 950 als Mönchskloster und weihte ihn – wie elf Jahre später Gernrode – dem Heiligen Cyriakus. Als Gero 961 nach dem Tode seiner beiden Söhne das Kloster Gernrode gründete, wandelte er auch das Kloster Frose in ein Kanonissinnenstift um und unterstellte es der ersten Gernroder Äbtissin. Für dieses Amt hatte Gero seine Schwiegertochter Hathui bestimmt, die junge Witwe seines Sohnes Siegfried.
(Straße der Romanik Nr. 40)

Rechts: Blick in das Langhaus von Gernrode. Den guten Zustand dieses wichtigen frühottonischen Raumes verdanken wir der umfangreichen Wiederherstellung und Restaurierung in den Jahren 1858 bis 1872 unter dem preußischen Konservator Ferdinand von Quast.
Noch vor einigen Jahren schrieben Bauhistoriker oft abfällig über das denkmalpflegerische Vorgehen des 19. Jahrhunderts, vor allem über die historisierenden Ausmalungen. Der Chor in Gernrode veranschaulicht hingegen, wie sensibel man sich damals in das Farbempfinden des Mittelalters hineinzufühlen versuchte. Anders als unsere musterfeindliche Zeit, die monochrome Flächen bevorzugt, wollte von Quast das Raumgefühl des 10. Jahrhunderts wieder erlebbar machen und ließ den Chor unter Einbeziehung alter Farbreste in kräftigen Farben neu ausmalen. Von Details abgesehen, vermittelt dieser farbkräftige Chorraum sicherlich einen besseren Eindruck der damaligen, stets reich ausgeschmückten Räume als viele steinsichtige Kirchen, von denen man im 20. Jahrhundert den vermeintlich häßlichen und falschen Farbschmuck oder die Mosaikbilder abschlug. Es bestanden enge familiäre Verbindungen zwischen dem sächsischen und dem byzantinischen Kaiserhaus ebenso wie Handelbeziehungen mit der arabischen Welt. Das Farbempfinden des Adels war im 10. Jahrhundert an musterreichen Räumen und kunstvollen Gegenständen des täglichen Gebrauchs geschult. Vermutlich hatte die Kaiserin Theophanu auch die Langhausemporen in Gernrode angeregt, die sie aus ihrer byzantinischen Heimatstadt Konstantinopel kannte.

Angehörigen des Königshauses, wie beispielsweise im Jahre 1004 die Königin Kunigunde. Graf Thietmar von Merseburg begleitete die Königin durch Sachsen und berichtet: »Wir zogen nach Gernrode und haben dort mit der ehrwürdigen Äbtissin Hathui feierlich den Palmsonntag begangen.« (Thietmar Chron. VI, 3).

Das Stift – ein Versorgungsmodell für junge Witwen

Die adelige Hathui und die Stiftsdamen führten gewiß kein unkomfortables Leben in Gernrode. Anders als in einem Kloster stand ihnen in dem reich ausgestatteten Stift ein dem gesellschaftlichen Stand angemessener Komfort zur Verfügung. Die Stiftsdamen hatten eigene Wohnungen, durften kostbare Kleider tragen, fanden stets eine reich gedeckte Speisetafel vor und waren finanziell in der Lage, hochgestellte adelige Besucher standesgemäß zu empfangen und zu bewirten.

In Stiften wurden nicht nur Gottesdienste gefeiert, sondern alle Bereiche der höfischer Kultur gepflegt. Die gebildeten Frauen übten sich in Musik, Kunst und Literatur. Sie schufen kostbare Stickereien und waren Auftraggeber von Büchern. Meist schrieben sie selbst. Sie hinterließen Dichtungen, Kompositionen, philosophische Betrachtungen und Geschichtswerke. So beauftragte Hathui einen Autor namens Nadda mit einer Lebensbeschreibung des Heiligen Cyriakus, dem ihr Kloster geweiht war und von dem es noch 963 von Gero selbst eine Armreliquie aus Rom erhalten hatte. Nicht zuletzt betä tigte sich die Äbtissin als Bauherrin und betreute den zügig voranschreitenden Bau ihrer Klosterkirche, die heute noch erlebbar ist.

Die Frage, ob die 20jährige Hathui nach ihren Lebensvorstellungen gefragt wurde oder nicht, bleibt müßig. Anzunehmen ist, daß ihr Schwiegervater in ihrem Sinne handelte, als er sie 961 zur ersten Äbtissin seines neuen Stiftes bestimmte. Soeben war auch sein zweiter Sohn nach längerer Krankheit gestorben. Es war Siegfried, Hathuis Ehemann.

Mit der Gründung von Gernrode sicherte der eingangs erwähnte, im Kampf gegen die Slawen nicht zimperliche Markgraf Gero seiner Schwiegertochter zugleich die Verfügungsgewalt über das in der Nähe gelegene, elf Jahre zuvor von ihm gegründete Stift Frose zu. Hathui leitete Gernrode als Äbtissin mehr als 53 Jahre lang, bis zu ihrem Tode im Jahre 1014. Gero versorgte durch die Übertragung seines gesamten Vermögens in ein Stift nicht nur seine Schwiegertochter und seine Witwe. Er entzog seinen Besitz damit auch geschickt der männlichen Erbfolge und den Ansprüchen anderer Verwandter und hielt so die Güter über Jahrhunderte zusammen. Sein Vermögen lag nun in der Hand seines Stiftes mit der politisch einflußreichen Äbtissin.

Mit etwa 13 Jahren war Hathui mit Siegfried, dem Sohn des Grafen Gero von Merseburg, verheiratet worden. Gero hatte sich als Heerführer unter Heinrich I. und Otto I. große Verdienste erworben und war von Otto schon 937 als Markgraf eingesetzt worden. Otto I. hatte das Gebiet zwischen der Unteren Elbe und der Saale den dortigen Grafen entzogen und es in nur zwei große Markgrafschaften aufgeteilt, um aus leidvoller Erfahrung

Ohne Beziehungen zum ›Orient‹ ist auch das Heilige Grab nicht vorstellbar, das ganz rechts im Bild in den östlichen beiden Jochen des Seitenschiffes angeschnitten erkennbar ist (s. auch Foto S. 40). Diese frühe, am besten erhaltene Nachbildung des Grabes Christi in Jerusalem ist vollständig mit Stuckreliefs geschmückt. Die hohe künstlerische Qualität der Reliefs gab Anlaß zu vielen Fragen. Gleichwohl ist die Datierung bis heute nicht eindeutig geklärt. Derzeit nimmt man an, daß das Heilige Grab etwa zwischen 1060 und 1080 geschaffen wurden.
Die Szenen setzen die Kenntnis antiker und arabischer Kunst voraus, wie sie beispielsweise an römischen Sarkophagen vielfach überliefert ist. Gleiches gilt für die Behandlung des Stuckes.

mit seinen machthungrigen Verwandten eine bessere Kontrolle seiner Berater zu erreichen. Die nördliche Markgrafschaft gab er Hermann Billung; die Ostmark zwischen Elbe/Saale und Oder erhielt Gero. Dieser erwies sich als Herrscher, der mit allen Mitteln die Politik Ottos durchsetzte – wenn es sein mußte, durch Morde, wie bei den 30 slawischen Fürsten nach dem Festessen geschehen.

Der Kaiser wurde 941 sogar Taufpate von Geros Sohn Siegfried. Doch als sich Gero auf die Seiten von Ottos aufständischem Sohn Liudolf und damit gegen ihn stellte, waren die freundschaftlichen Beziehungen beendet. Als Geros ältester, nach ihm benannter Sohn (vor 959) starb und auch sein Sohn Siegfried dem Tode nahe war, beschlossen Vater und Sohn gemeinsam, den Familienbesitz für die Gernroder Stiftung zu verwenden, um die Ehefrauen versorgt zu wissen. Als Siegfried 961 ohne Erben starb, wurde seine Frau zur ersten Äbtissin geweiht.

Der Bau der Äbtissin Hathui

Aus diesen Daten folgt, daß Geros und Siegfrieds Stiftskirche zwischen 959 und 961 begonnen wurde. Da Gero schon 965 starb und Hathui ihren Schwiegervater vor dem Hochaltar beisetzen ließ, müssen zu diesem Zeitpunkt schon die Ostteile mit Krypta und Querhaus zumindest im Rohbau vollendet gewesen sein. Damit kann die Hallenkrypta unter Chorquadrat und Apsis als älteste ottonische Krypta auf ›spätestens 961‹ datiert werden.

Daran anschließend, wohl schon in den 970er Jahren, trieb Hathui zügig den Langhausbau voran. Es ist äußerst wahr-

Der Taufstein aus der Mitte des 12. Jahrhunderts wurde aus der Kirche in Alsleben an der Saale nach Gernrode gebracht.

scheinlich, daß sich die Äbtissin auch mit Theophanu, der jungen Kaiserwitwe Ottos II. aus Byzanz, über ihren Kirchenbau und die Idee der Langhausemporen austauschte. Immerhin geben diese gruppierten Arkadenbögen für das 10. Jahrhundert Rätsel auf. Sie kommen sonst nirgends in Sachsen vor und können nur von oströmischen Vorbildern inspiriert sein. Es ist überliefert, daß sich Kaiserin Theophanu in den Jahren 973 bis 978 häufig in der nahegelegenen Quedlinburger Kaiserpfalz aufhielt. Theophanu hat nachweislich erheblichen Einfluß auf das künstlerische und geistige Leben im ottonischen Kaiserreich ausgeübt. Ihre Heimatstadt Konstantinopel war zu ihrer Zeit eine ebenso glanzvolle wie altehrwürdige Metropole, wie man sie in Sachsen bislang nicht kannte.

Da Hathui im Jahre 1014 stirbt und in ihrer Stiftskirche bestattet wird, dürfte das Langhaus spätestens dann, vielleicht auch früher, vollendet gewesen sein.

Den heutigen geschlossenen Raumeindruck verdanken wir den Restaurierungsmaßnahmen unter dem preußischen Konservator Ferdinand von Quast, der auch die im 12. Jahrhundert vermauerten Langhausemporen von Hathui wieder öffnen ließ. Die breite Mitteltreppe, die zum Chor und zu den Emporen der Querhäuser (12. Jahrhundert) hinauf führt, sowie die Ausmalung des Chores gehen auch auf Ferdinand von Quast zurück.

Das ebenso rauhe wie mit reichen Stiftungen ausgestattete Leben im 10. Jahrhundert hinterließ einem Harzstädtchen ein bauliches Juwel, das materielle Bürde und ideeller Schatz zugleich ist.

Das Foto und der Grundriß zeigen die vierstützige Krypta in Gernrode, die als Inkunabel der ottonischen Krypta gilt. Sie kann in Gernrode ausnahmsweise recht genau datiert werden, nämlich auf die Jahre 959/961.
(Grundriß aus Rosner 1991, S. 211, nach Erdmann/Jacobsen/Kosch/von Winterfeld).

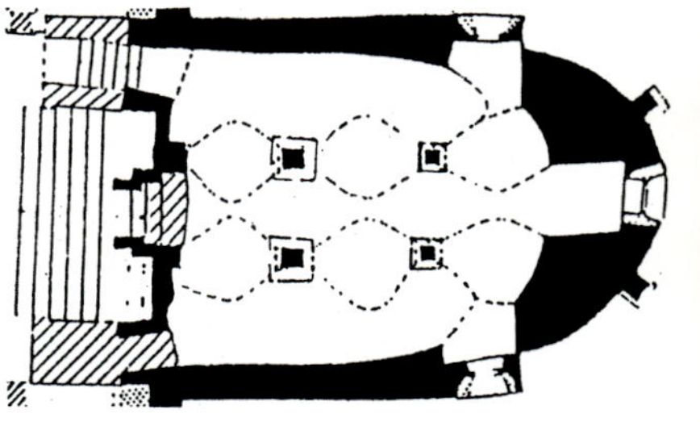

Eine romanische Krypta unter dem gotischen Dom

Die Sachsen waren so kühn, mitten im Slawenland auf einer Anhöhe das Bistum Zeitz zu gründen. Doch nach wenigen Jahrzehnten zogen sich die Bischöfe zurück und regierten von Naumburg aus. Was aus der Missionszeit blieb, ist eine frühromanische Hallenkrypta unter dem heutigen Dom.

Die Altstadt von Zeitz schmiegt sich an den Berg mit der Moritzburg. Der Burgberg mit Domkirche und Schloß wurde seit dem 10. Jahrhundert immer weiter ausgebaut, heute erscheint er frühbarock. Doch unter dem gotischen Domchor hat sich die frühromanische Hallenkrypta erhalten. Jüngst hat Holger Trimpert den ottonischen Vorgängerbau des heutigen Domes archäologisch nachweisen können und die Krypta auf die Mitte des 11. Jahrhunderts (nach 1028) datiert.

Wozu dienten Krypten?

Krypten wirken auf uns mystisch und geheimnisvoll. Doch wozu diese kleinen, meist – aber nicht immer – unterirdischen Räume genau dienten, bleibt noch ein Rätsel. Allgemein gilt eine Krypta als ein Raum unter dem Chor, der oft ein Heiligen- oder Reliquiengrab erschließt oder Altäre aufweist. Reliquien oder Gräber können aber auch an anderen Stellen in der Kirche liegen, dafür braucht man keine Krypta. Für die ottonische Zeit hat der Bauhistoriker Ulrich Rosner 60 Bauten nachweisen können, die zwischen 960 und 1020 entstanden (Rosner 1991, 177). Davon sind etwa 20 erhalten und auf ein Gebiet verteilt, das sich vom Harz bis in die innere Schweiz ausdehnt.

Nach Rosner fand die entscheidende Änderung der Bauform in ottonischer Zeit statt: Bis dahin bestanden sehr individuelle Bautypen, wie etwa Gang- und Kammertypen, nebeneinander, doch dann setzte sich die Hallenform durch. In salischer Zeit schließlich herrschte diese Form vor. Nicht zufällig hat sich die Hallenkrypta in ottonischer Zeit entwickelt. Rosner legte überzeugend dar, daß dies mit der allgemeinen Systematisierung des Baufortgangs in ottonischer Zeit zusammenhängt, denn die Mauern der Hallenkrypta bildeten nun das ›Fundament‹ für den Chor. Die karolingische Krypta hingegen höhlte das Chorfundament nur aus.

Die Hallenkrypta entsteht somit mehr aus baulichen Gründen als für eine spezielle Nutzung. Der Bautyp ergibt sich keineswegs aus liturgischen Funktionen, denn nur für wenige der 60 nachweisbaren ottonischen Krypten kann überhaupt ein Heiligen- oder Reliquiengrab festgestellt werden. Krypten gehören in der Romanik oft zum Raumprogramm dazu.

Das kleine Foto auf der linken Seite zeigt den gotischen Dom zu Zeitz. Den ältesten Teil des Domes bildet heute die aus frühsalischer Zeit erhaltene Hallenkrypta (Foto unten). Ihre Gurt- und Scheidbögen verweisen darauf, daß sie kaum vor der Mitte des 11. Jahrhunderts gewölbt wurde. Acht Säulen teilen den Raum in drei Schiffe, die mit einer halbrunden Altarnische abschließen. Die sechs östlichen Kapitelle sind wahrscheinlich Spolien, das heißt, sie sind älter und wurden hier zweitverwendet. Nur die beiden westlichen Kapitelle rühren wohl aus der Bauzeit Mitte des 11. Jahrhunderts.

Die Hallenform, die sich in ottonischer Zeit durchsetzt, hat nichts mit der liturgischen Nutzung der Krypten zu tun. Erst sehr viel später wurde die Krypta in Zeitz von der herzoglichen Familie von Sachsen-Zeitz als Grablege genutzt. (Straße der Romanik Nr. 52)

Heimat der Zaubersprüche und der Chronik des Thietmar

Hoch über der Saale erhebt sich das Wahrzeichen der Stadt, die Merseburg, die durch die beiden Domtürme, die Schloßtürme und die charakteristischen Renaissance-Giebel bekrönt wird. Vom Burgberg führt eine Treppe hinab zur Saalebrücke (im Bildvordergrund). Von dort aus kann man die romanische Neumarktkirche St. Thomae sehen.

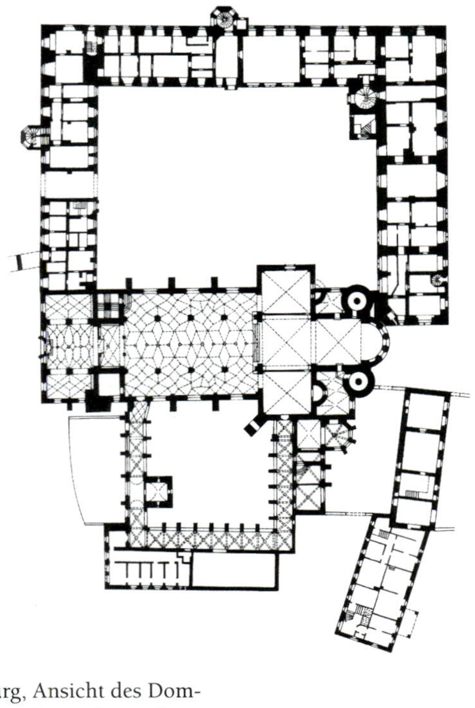

Merseburg, Ansicht des Domberges von der Saale gesehen und Grundriß des Doms mit Kreuzgang im Süden und Schloß im Norden.
(Straße der Romanik Nr. 54)

Im Jahre 968 erhob Otto I. Merseburg gleichzeitig mit der Gründung des Erzbistums Magdeburg zum Suffraganbistum. Doch unter Ottos Nachfolgern wurde das Bistum wieder aufgelöst, und erst der – später heiliggesprochene – letzte Sachsenkönig Heinrich II. erneuerte das Bistum 1004. Heinrich zog Merseburg anderen Pfalzorten vor. Er weilte hier mindestens 27 mal und wurde auch noch nach seinem Tode in Merseburg besonders verehrt.

Im Jahre 1009 zum Bischof geweiht, konnte sein Zeitgenosse Thietmar von Merseburg 1015 den Grundstein für eine ottonische Bischofskirche St. Johannes und St. Laurentius legen. Dieser im Jahre 1021 geweihte Vorgängerbau des heutigen Domes ist teilweise noch ablesbar. Der 1015 begonnene Thietmarbau war eine dreischiffige Basilika mit Querschiff und Nebenapsiden, Chorquadrat und Apsis. Entstehungszeit und Form der romanischen Hallenkrypta werden noch diskutiert. Auch ein Vierungsturm ist für den Thietmarbau nicht nachweisbar. Wie die Westansicht heute erkennen läßt, hatte der ottonische Westbau quadratische Türme, die später erhöht wurden.

Nach 1510 wurde das ottonische Langhaus abgebrochen und auf seinen Fundamenten das erhaltene, spätgotische Hallenlanghaus errichtet.

Im Süden schließt sich an den Dom der Kreuzgang an, im Norden der Schloßhof mit dem Renaissanceschloß, das in den Jahren 1483–1665 an Stelle der von Heinrich I. ausgebauten, ottonischen Pfalzanlage errichtet wurde.

Die Baugeschichte der Merseburg kann etliche Buchseiten füllen. Doch bei der Erwähnung der Stadt fallen vielen zuerst die ›Merseburger Zaubersprüche‹ ein. Zaubersprüche? Gezaubert wird seit Einführung des Christentums doch eigentlich nicht mehr. Um so bedeutender sind die Merseburger Zauberformeln.

Sie gelten als eine der frühesten Schriften ›heidnischen‹, oder besser ›nichtchristlichen‹ Inhalts in althochdeutscher Volkssprache. Aufgeschrieben wurden sie im 9. oder 10. Jahrhundert. Die Zauberformeln schlummerten in der berühmten Bibliothek des Merseburger Domkapitels, bis sie der Historiker Georg Waitz 1841 zufällig entdeckte. Seitdem sie einer der beiden Begründer der Germanistik, Jakob Grimm – bekannt durch die Märchensammlung, die er mit seinem Bruder zusammentrug – ein Jahr später begutachtete und als besonderen Fund würdigte, dem »die berühmtesten Bibliotheken nichts an die Seite zu setzen haben«, wurden die kurzen Sprüche weltbekannt.

Ihre wissenschaftliche Bedeutung ist groß, denn sie belegen die gesprochene Volkssprache aus dem frühen Mittelalter ebenso wie religiöse Vorstellungen der Zeit. Der erste Merseburger Zauberspruch thematisiert die Befreiung von Gefangenen aus ihren Fesseln, der zweite die

Heilung eines Fohlens, das sich den Fuß verrenkt hatte, durch germanische Götter.

Wer derartige Vorstellungen belächelt, sollte bedenken, daß auch noch im heutigen Alltag ›abergläubische‹ Auffassungen weiterleben. Wer will schon gerne an einem Freitag, dem Dreizehnten, heiraten? Die Vorstellungen von den Zusammenhängen alles Lebendigen wurden durch die Missionierung der Germanen nicht zerstört, sondern die alten Glaubesvorstellungen wurden in das Christentum aufgenommen.

Ein alter Siedlungsplatz

Da die ›Mersiburc‹ schon unter den Karolingern um 780 als befestigter Missionsstützpunkt auf dem Burgfelsen erwähnt wird, kann man davon ausgehen, daß sich die fränkischen Eroberer an einem slawischen Ort niederließen. Der erste Sachsenkönig Heinrich I. knüpft an die karolingische Politik an und läßt die Burg um 930 als königliche Pfalz auf dem südlichen Teil des Felsens ausbauen und mit Mauern befestigen.

Im Jahre 968 wird Merseburg unter Otto I. zum Bistum erhoben. Hinter dieser schlichten Aussage steckt eine jahrelange, langwierige politische Vorbereitung, die von vielen Personenkreisen im Reich Ottos des Großen beeinflußt und in der Literatur hinreichend dargestellt wurde. Denn ein Bistum wird nicht ›mal eben‹ gegründet, sondern bedarf des Einverständnisses der anderen Bischöfe. Besonders die jungen Bistümer Magdeburg, Halberstadt und Merseburg sollten sich jahrzehntelang bekämpfen.

Verkürzt liest sich das so: Nachdem Gero 965 starb (s. Gernrode, S. 40 ff.)

Das Foto links zeigt den romanischen Taufstein, der aus der Merseburger Neumarktkirche stammt. Unter einer Arkade stehen Apostel und Propheten, getragen wird der Taufstein von vier Löwen.

Das obere Foto zeigt ein anderes mittelalterliches Ausstattungsstück aus dem Merseburger Dom: die 1080 gegossene bronzene Grabplatte des im Investiturstreit zum Gegenkönig erhobenen Rudolf von Schwaben. Sie gilt als älteste erhaltene Bildnis-Grabplatte in Mitteleuropa. Ursprünglich war die Bronzeplatte vergoldet, in die Augen und die Krone waren Edelsteine eingelassen.

1188 wurde am Ufer der Saale, gegenüber dem Bischofssitz Merseburg, das Neumarktviertel mit einem Marktplatz und einer romanischen Neumarktkirche St. Thomae gegründet. Da das Stadtviertel nie wirtschaftlich aufblühte, ist auch die Kirche nie erweitert oder modernisiert worden, sondern blieb in ihrer romanischen Bauform bestehen. St. Thomae ist eine romanische Basilika mit Westturm, Querhaus und Apsis. Während der DDR-Zeit stark gefährdet, wurde St. Thomae bis 1996 durchgreifend saniert. Durch die Uferlage litt der Bau unter häufigem Hochwasser, das schließlich zu Einstürzen führte. 1825 wurde das nördliche Seitenschiff abgetragen (s. Innenaufnahme rechte Seite), ebenso die südliche Nebenapsis und die Sakristei. Die Portale wurden umgesetzt.

teilte Otto der Große Geros Markgrafschaft auf und zergliederte sie in mehrere Bischofssitze. Schließlich hatte Otto fast 30 Jahre zuvor, nach seiner Krönung 937 in Aachen, diese Markgrafschaft unter der Leitung seines Vertrauten Gero erst eingerichtet. Gero leistete die militärische Vorarbeit bei der ›Befriedung‹ der ortsansässigen Slawen und sicherte das Vorland östlich der Elbe, bevor der Kaiser dort Bischofssitze installieren konnte. Die Bischöfe schufen dann in dem eroberten, christianisierten Land die kirchliche Infrastruktur. Sie waren Landesherren, hielten Gericht und nahmen Abgaben entgegen.

Nach Geros Beisetzung in Gernrode konnte Otto I. die Gründung des Erzbistums Magdeburg an der östlichen Front der Slaweneroberung verstärkt vorantreiben (s. S. 30). Doch die Bischöfe von Halberstadt, Merseburg, Zeitz und Meißen wehrten sich aus handfesten wirtschaftlichen Gründen dagegen, dem Erzbistum Magdeburg als Suffraganbistümer unterstellt zu werden. Die Konkurrenzsituation zwischen Merseburg und Magdeburg sollte jahrzehntelang die Politik bestimmen. Und auch Bischof Thietmar von Merseburg bemühte sich zeit seines Lebens um die Unabhängigkeit Merseburgs als Erzbistum.

Der Geschichtsschreiber Thietmar

Der Name Thietmar von Merseburg ist für Mittelalterhistoriker ebenso wichtig wie die Merseburger Zaubersprüche für Germanisten. Vieles, was wir über die ottonische Reichsgeschichte wissen, erfahren wir durch ihn, durch seine ›Chronik‹, die in der Originalsprache Latein und in der deutschen Übertragung vorliegt. Thietmar verfaßte die aus acht Büchern sehr unterschiedlicher Länge bestehende Chronik als Bischof von Merseburg in den Jahren 1012 bis zu seinem Tode 1018.

Am 25. Juli 975 in Walbeck (s. S. 26) geboren, genoß er als Grafensohn die bestmögliche Erziehung und Bildung, reiste viel und stand in regem persönlichen Kontakt zu anderen Adeligen, zu Königen und Theologen. Sein Vater war Graf von Walbeck, seine Mutter Gräfin von Stade. Von beiden Familien kannte er die jahrzehntelangen Kriege gegen die Slawen. Deren unzivilisierte, das hieß für ihn: ungläubige Haltung dominiert seine Schilderungen. Zwei seiner Brüder wurden wie er Bischöfe, Siegfried in Münster und Brun in Verden.

In seiner Chronik hegt Thietmar keine literarischen Ambitionen. Er versteht sich

Das Foto zeigt die Neumarktkirche von der Südseite, vom Friedhof aus. Das südliche Seitenschiff ist im Unterschied zum nördlichen noch erhalten.

weder als Dichter noch als unbeteiligt berichtender Historiker. Zwar sammelt er Unterlagen über die Geschichte und Entwicklung seines Bischofssitzes Merseburg, ordnet die Ereignisse chronologisch und schreibt sie nieder. Aber als tiefgläubigem Theologen geht es ihm bei allen Ereignissen stets um das Lehrreiche hinter dem historischen Geschehen, um Tugenden und Laster, gute und schlechte Vorbilder, und darum, Gottes gerechtes Eingreifen in das weltliche Geschehen zu belegen.

Jedes Ereignis ist für Thietmar eingebettet in eine theologische Vorstellung von der Welt. Undenkbar für Wissenschaftler heute: Thietmar kritisiert sich selbst schriftlich, ohne daß die Selbstbezichtigungen als rhetorischer Kunstgriff erscheinen. Er klagt seine Schwächen schonungslos an und bittet seine Leser um Gebete. Tragische Ereignisse, wie Kirchenbrände, verlorene Schlachten oder schmerzhafte Krankheiten der geschilderten Persönlichkeiten sieht er als Strafe für falsches Verhalten, oder, religös formuliert für deren Sünden.

Drei Jahre vor seinem Tode beginnt Thietmar 1015 auf Weisung Heinrichs II. mit dem ottonischen Merseburger Dom in der Nähe der Pfalz, der heute mehrfach überbaut ist. Er berichtet: »Inzwischen begann auch in Anwesenheit des Erzbischofs Gero (von Magdeburg) der Bau unserer Kirche. Ich selbst legte am 18. Mai den Grundstein in Form eines heiligen Kreuzes.« (Thietmar, Chron. VII, 13). Die Weihe 1021 erlebt er nicht mehr, er stirbt am 1. Dezember 1018. Sein Nachfolger, Erzbischof Bruno (1018–1036), läßt ihn 1021 in der Bischofskapelle beisetzen.

Das Foto zeigt den Blick von dem (bis 1996) sanierten Langhaus in den Chor der Neumarktkirche St. Thomae. Der klar gegliederte, ruhige Raum zeigt, wie lange sich die romanischen Baumerkmale in der Königslandschaft Sachsen gehalten haben. Obwohl lange nach dem richtungsweisenden, eingewölbten Speyrer Dom (um 1030–1060, salisch) errichtet, bleiben die Baumeister in Merseburg ihrer regionalen Tradition treu. Sie errichten eine flachgedeckte, dreischiffige Basilika, deren Raumwirkung von der gruppierten Wandstruktur aus Säulen mit Würfelkapitellen, Pfeilern und Rundbögen geprägt wird.

Die Neumarktkirche gilt als ein »wichtiger Bau in charakteristischen spätromanischen Formen des Saale-Mulde-Gebietes«.
(Dehio Sachsen-Anhalt, S. 556)

Genealogie der Macht

Aufstieg der Ottonen, die nach ihrem Stammvater auch Liudolfinger genannt werden.

Die Stammtafel beginnt unten links mit Liudolf, dem Großvater des ersten Sachsenkönigs Heinrich I. Sie endet mit Heinrich II., dem letzten Sachsenkönig aus dem Hause Bayern. Die Schautafel will im Unterschied zu den gängigen Stammbäumen vor allem zeigen, daß Personen nicht nacheinander leben und Generationen sich nicht ablösen. Biographien verlaufen parallel zueinander und Regierungszeiten überschneiden sich. Manche Herrscher, wie Otto III., leben und regieren nur kurz, andere, wie etwa sein Großvater Otto I., hingegen ungewöhnlich lang. Die unterschiedliche Dicke der Zeitstrahlen verzeichnet außerdem, wann der jeweilige Herrscher zum König und zum Kaiser erhoben wurde. Entsprechend unterschiedlich müssen ihre politischen ›Leistungen‹ betrachtet werden.

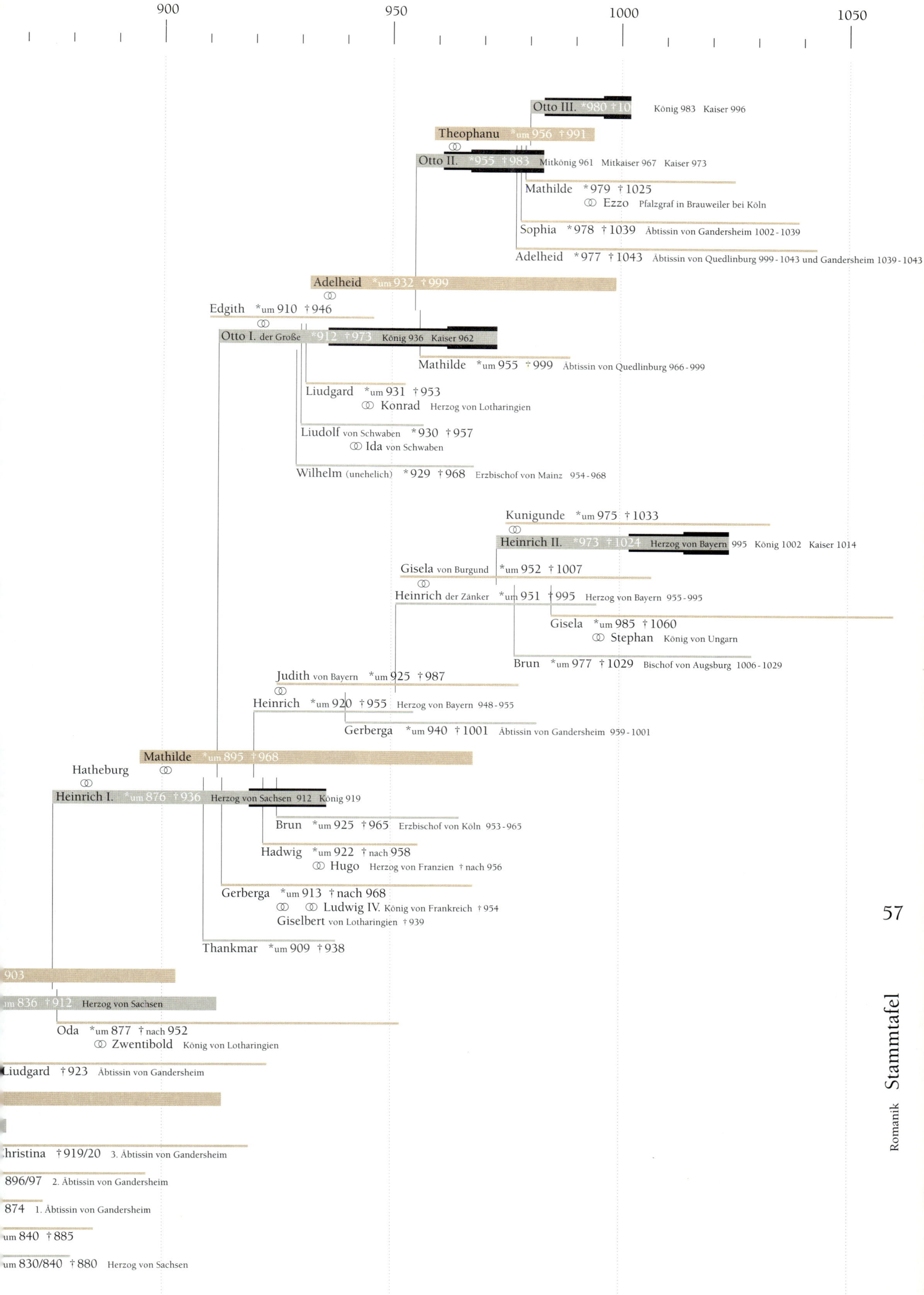
900
950
1000
1050
Otto III. *980 †10
König 983 Kaiser 996
Theophanu *um 956 †991
Otto II. *955 †983 Mitkönig 961 Mitkaiser 967 Kaiser 973
Mathilde *979 †1025
Ezzo Pfalzgraf in Brauweiler bei Köln
Sophia *978 †1039 Äbtissin von Gandersheim 1002 - 1039
Adelheid *977 †1043 Äbtissin von Quedlinburg 999 - 1043 und Gandersheim 1039 - 1043
Adelheid *um 932 †999
Edgith *um 910 †946
Otto I. der Große *912 †973 König 936 Kaiser 962
Mathilde *um 955 †999 Äbtissin von Quedlinburg 966 - 999
Liudgard *um 931 †953
Konrad Herzog von Lotharingien
Liudolf von Schwaben *930 †957
Ida von Schwaben
Wilhelm (unehelich) *929 †968 Erzbischof von Mainz 954 - 968
Kunigunde *um 975 †1033
Heinrich II. *973 †1024 Herzog von Bayern 995 König 1002 Kaiser 1014
Gisela von Burgund *um 952 †1007
Heinrich der Zänker *um 951 †995 Herzog von Bayern 955 - 995
Gisela *um 985 †1060
Stephan König von Ungarn
Brun *um 977 †1029 Bischof von Augsburg 1006 - 1029
Judith von Bayern *um 925 †987
Heinrich *um 920 †955 Herzog von Bayern 948 - 955
Gerberga *um 940 †1001 Äbtissin von Gandersheim 959 - 1001
Mathilde *um 895 †968
Hatheburg
Heinrich I. *um 876 †936 Herzog von Sachsen 912 König 919
Brun *um 925 †965 Erzbischof von Köln 953 - 965
Hadwig *um 922 †nach 958
Hugo Herzog von Franzien †nach 956
Gerberga *um 913 †nach 968
Ludwig IV. König von Frankreich †954
Giselbert von Lotharingien †939
Thankmar *um 909 †938
903
m 836 †912 Herzog von Sachsen
Oda *um 877 †nach 952
Zwentibold König von Lotharingien
Liudgard †923 Äbtissin von Gandersheim
hristina †919/20 3. Äbtissin von Gandersheim
896/97 2. Äbtissin von Gandersheim
874 1. Äbtissin von Gandersheim
um 840 †885
um 830/840 †880 Herzog von Sachsen

Havelberg und Jerichow

Brückenkopf gegen die Slawen

War es kühn oder menschenverachtend von Otto dem Großen, den Berg am Nordufer der Havel 948 zum Bischofssitz zu erheben und damit eines der wichtigsten slawischen Heiligtümer zu mißachten? Der Widerstand der slawischen Bevölkerung gipfelte zwei Generationen später in einem Aufstand (983), den die vermeintlich besiegten Slawen zum Entsetzen der Sachsen gewannen. Es sollte über 160 Jahre dauern, bis die selbsternannten sächsischen Kreuzritter zum Gegenschlag ausholten und das Land im ›Wendenkreuzzug‹ 1147 wieder zurückeroberten.

Der Havelberger Dom: Die Höhe des Westriegels entspricht nicht dem ursprünglichen Zustand. Erst Ende des 12. Jahrhunderts wurde er um eine Glockenstube mit drei gekuppelten Fenstern und einem Zinnenkranz erhöht. Bei der Sanierung 1907/1909 wurde die Westfassade abermals um ein Geschoß mit fünf Schallluken aufgestockt. Innen ist eine Michaelskapelle erhalten, die durch eine Tür in etwa sechs Metern Höhe oder vom südlichen Seitenschiff aus zugänglich war. Der Westbau konnte damit bei Gefahr als Zuflucht dienen. Der Erzengel Michael ist der Drachentöter, der Besieger des Teufels, und derjenige, der beim Jüngsten Gericht die Toten erweckt – ein passender Patron. (Straße der Romanik Nr. 13)

Je weiter man im Land Sachsen-Anhalt nach Norden Richtung Niedersachsen und Brandenburg reist, desto häufiger findet man das für das norddeutsche Tiefland typische Baumaterial Backstein vor. Im Unterschied zum Findling oder zum Haustein, der aus dem Fels herausgesprengt wird, kann man den ›gebackenen Stein‹ aus Ton in der unmittelbaren Nähe der Baustelle formen und brennen. Das Heft ›Backsteingotik‹ in der Reihe ›monumente-edition‹ widmete sich diesem Material. Ohne Backstein sind die großen Kloster- und Stadtkirchen der christlichen Kolonisten in der Küstenlandschaft der Ostsee nicht denkbar.

So ruhig wie heute war es wahrscheinlich selten in der bewegten Geschichte von Havelberg. Für Ruhe war die Lage strategisch zu wichtig. Wer heute über Land oder mit dem Boot nach Havelberg gelangt, findet ein idyllisches Städtchen, das vom Domberg am Ufer der Havel bekrönt wird. Erst der Blick auf die Landkarte erklärt, warum das vermeintlich abgelegene Städtchen in beschaulicher Landschaft einen prachtvollen Dom besitzt. Der Dom weist darauf hin, daß hier irgendwann der Sitz eines Bischofs lag.

Bei der Eroberung der slawisch besiedelten Gebiete östlich der Elbe spielte Havelberg als Stützpunkt eine entscheidende Rolle, denn der Bergrücken liegt am Havelufer unweit der Mündung in die Elbe. Über die Havel erreicht man die Stadt Brandenburg, die wie Havelberg eine slawische Gründung ist. Unter dem ersten Ottonen, Heinrich I., wurden beide Slawensitze erobert, und seit der Schlacht bei Lenzen im Jahre 929 war die Burg Havelberg als nordöstlicher Brückenkopf von entscheidender Bedeutung für die Ostexpansion der Ottonen.

Über zehn Jahre nach seiner Königskrönung 936 in Aachen wagte es Otto I., 946/948 auf dem eroberten slawischen Sitz in Havelberg ein Bistum zu installieren. In einer Urkunde beauftragt er den ersten Bischof Dudo mit einem Kirchenbau. Zu diesem Zeitpunkt hatte der König die Schlacht auf dem Lechfeld (955) noch nicht geschlagen. Das bedeutet, er mußte nicht nur die Slawen kontrollieren, sondern auch der Gefahr eines Überfalls durch die Ungarn vorbeugen. Otto I. hatte unmittelbar nach seiner Aachener Krönung mehrere Fürstentümer zu einer ›Nordmark‹ zusammengefaßt und diese seinem Vertrauten Hermann Billung übergeben. Offenbar hatte dieser bis 948 die slawische Bevölkerung so im Griff, daß der Zeitpunkt für eine Bistumsgründung gekommen schien.

Wie dieser erste, der ottonische Dom genau aussah, der unter Bischof Dudo ab 948 begonnen wurde, ist nicht eindeutig rekonstruierbar. Die Grabungen der Jahre 1937–1939 im Osten des heutigen Domes ergaben, daß er keine Krypta besaß. Der jetzige Chor, obwohl später umgebaut, läßt noch das Vorbild erkennen, die Benediktinerkirche St. Maximin in Trier (um 950). Es liegt nahe, daß auch Benediktinermönche aus Trier nach Havelberg kamen. Schließlich hatte der König auch Trierer Mönche nach Magdeburg holen lassen, denn Trier war im 10. Jahrhundert ein Zentrum der Gorzer Klosterreform.

Der Westbau des Havelberger Domes wurde zunächst in Naturstein begonnen und später mit Backsteinen weiter aufgemauert. Seine kräftigen Mauern sollten nicht nur symbolisch auf die Gottesstadt verweisen, sondern dienten in dieser Grenzlage oft als rettender Zufluchtsort.
(Straße der Romanik Nr. 13)

Das Foto zeigt die Prämonstratenser-Klosterkirche Jerichow (ab 1148) von Osten. Jerichow und Havelberg entstanden fast gleichzeitig, von Jerichow aus wollte man das Bistum Havelberg neu errichten. Dazu wurden 1145 Prämonstratenser aus Magdeburg nach Jerichow geschickt. Am Chor von Jerichow zeigt sich erstmals das aus dem Islam übernommene Schmuckmotiv des Kreuzbogenfrieses (s. Dorfkirchen S. 107). (Straße der Romanik Nr. 18)

Nach den hoffnungsvollen Anfangstagen wurde der erste Dom bei dem siegreichen Aufstand der Slawen 983 schwer beschädigt. Lange Zeit traute sich kein Missionar mehr in Richtung Havelberg.

Generationen nach dem Schock von 983

Erst Generationen später schien die Zeit reif für einen neuerlichen Vorstoß. Was die Ottonen im 10. Jahrhundert aufgeben mußten, sollte zurückerobert werden.

1121 gründete Norbert von Xanten im französischen Prémontré (südlich von Laon) einen neuen Reformorden, die Prämonstratenser. Die Mitglieder dieses Ordens lebten nach der Regel des Augustinus, verließen aber die Klausur und widmeten sich der Seelsorge. Der Ordensgründer Norbert von Xanten selbst, wurde 1126 als Bischof nach Magdeburg berufen. Drei Jahre später übergab er das bestehende Kloster Unser Lieben Frauen seinem Orden und veranlaßte von dort aus viele Niederlassungen der Prämonstratenser in der Königslandschaft Sachsen. Die Mönche wurden vor allem in die Krisengebiete geschickt: so 1138 nach Brandenburg, 1144 nach Havelberg und Jerichow, 1154 nach Ratzeburg.

Der erste Bischof des neu gegründeten Bistums Havelberg wurde nun ein Schüler Norberts, der Prämonstratenser Anselm (um 1099–1158). Dieser war überzeugt davon, daß die Missionierung der Slawen östlich der Elbe mit der Reichsausdeh-

Die Krypta in Jerichow wurde Ende des 12. Jahrhunderts nachträglich eingefügt. Die hohe Qualität der Kapitelle läßt Einflüsse aus Südfrankreich und Oberitalien vermuten. Seitdem etwa um die Mitte des 12. Jahrhunderts die ersten Großbauten aus Backstein geplant werden, wendet man eine neue Technik an: Die Rohlinge werden nun nicht mehr aus dem flach ausgerollten, weichen Ton herausgeschnitten, sondern mit rechteckigen Hartholzrahmen aus Tonballen herausgestanzt. Dadurch wurden die Backsteine genormt und bekamen alle die gleiche Höhe, so daß man sie in Lagen vermauern konnte.

Die Kapitelle, Säulen und Basen in der Jerichower Krypta sind von Steinmetzen in Haustein gearbeitet, während die Mauerflächen und Gewölbe in Backstein gemauert wurden. Die backsteinernen Mauerflächen wurden mit roter Farbe getüncht und mit weißen Fugenstrichen versehen, um die Fläche regelmäßiger erscheinen zu lassen.

nung Hand in Hand gehen sollte. Der Prager Chronist Vincenz stellte damals fest: »Die Sachsen hatten ein so großes Heer aufgeboten, mehr um das Land wegzunehmen, als um die Einwohner im christlichen Glauben zu befestigen.«

Ob Bischof Anselm im Jahre 1150 in Havelberg noch bauliche Reste des ottonischen Domes aus dem 10. Jahrhundert vorfand und wie diese aussahen, wissen wir nicht. Immerhin beginnt er sofort mit einem ehrgeizigen Neubau von Dom und Kloster. Von letzterem ist noch der romanische Ostflügel aus dem 12. Jahrhundert erhalten. Der gotische Westflügel ist der jüngste Teil der heutigen Anlage.

Bauen im Angesicht der Feinde

Bischof Anselm schreibt an Wibald, Abt von Corvey: »In meiner Krippe Havelberg weile ich Armer Christ mit meinen Brüdern, den Armen Christi. Einige von uns bauen einen Festungsturm im Angesicht der Feinde, andere stehen Wache gegen die Angriffe der Heiden, andere reinigen durch Fasten und Gebet ihre Seelen als Vorbereitung auf die Rückkehr zu Gott, andere haben Zeit für Lesungen und verweilen bei heiligen Betrachtungen und eifern dem Beispiel der Heiligen nach.«

Was an dieser Schilderung wörtlich und was sinnbildlich gemeint war, ist

schwer zu trennen. Ein ruhiges Leben führten die Prämonstratensermönche im 12. Jahrhundert gewiß nicht. Und ein sicheres erst recht nicht. Die Mönche setzten die Missionspolitik fort, an der die ottonischen Kaiser 200 Jahre zuvor östlich der Elbe gescheitert waren.

Vermutlich begannen sie sogar, anders als üblich, die dreischiffige Basilika nicht im Osten, sondern mit dem wehrhaften Westbau. Denn möglicherweise waren Teile der ottonischen Kirche noch oder wieder benutzbar. Die Westfassade von Havelberg ist nicht, wie im 10. Jahrhundert bei ottonischen Bauten üblich gewesen, als Westwerk ausgeführt, sondern als ein mächtiger Querriegel. Dieser kräftige Westabschluß findet sich auch bei nahezu allen Dorfkirchen in der Altmark (s. S. 106) und konnte als Zuflucht dienen.

Das Kirchenschiff und der Westriegel wurden in Havelberg nicht im Mauerverbund gemauert. Deshalb konnte man nach dem verheerenden Brand 1279 den Westriegel stehen lassen, während das romanische Langhaus gotisch erneuert wurde. Vorbild für diese Gotisierung, die sich bis Anfang des 14. Jahrhunderts hinzog, war das Magdeburger Mutterkloster der Prämonstratenser Unser Lieben Frauen (s. S. 36). An den Langhausarkaden beider Kirchen läßt sich dieses Vorgehen in der Überschneidung der romanischen und gotischen Arkadenbögen ablesen.

1330 wurde der gotische Hauptaltar geweiht, es folgten wertvolle Ausstattungsstücke wie die Triumphkreuzgruppe, das gotische Chorgestühl und der aufwendig gestaltete, reich geschmückte Lettner (nach 1383) sowie neue Fenster. Diese wertvolle Ausstattung hat im Havelberger Dom die Zeiten überdauert. Dom und Klostergebäude sind nach vielen denkmalpflegerischen Maßnahmen – seit 1855 unter Konservator Ferdinand von Quast bis hin zur Beseitigung der Kriegsschäden nach 1945 – wieder als spätromanisch-gotisches Baudenkmal erlebbar. Seine Anfänge verdankt er den frühen sächsischen Herrschern, sein Bestehen aber den Mönchen, die deren gescheiterte Missionspolitik fortsetzten.

Jerichow, Klosterkirche (ab 1148) nach Osten. Blick in den erhöhten Chor mit Chorschranke und darunter liegender Krypta. Auch die Kapitelle sind in Backstein gemauert, während die Kämpfer aus profiliertem Sandstein bestehen.

Die kleinen Fotos auf der linken Seite zeigen den Ratzeburger Dom (ab 1160/70) als Vergleichsbeispiel. Von dem Mutterkloster Unser Lieben Frauen in Magdeburg aus gründeten die Prämonstratenser in wenigen Jahren 19 weitere Klöster in der Königslandschaft Sachsen. Nach Brandenburg (1138), Jerichow und Havelberg (1148) zogen 1154 in Ratzeburg Mönche ein.

Man betritt den Dom durch eine südliche Vorhalle (links). Wechselnde Schichten glasierter und unglasierter Backsteine verweisen auf oberitalienische Vorbilder. Das mittlere Bild des Innenraumes nach Osten veranschaulicht die Verwandtschaft mit Jerichow.

Die Klostergebäude in Jerichow waren zu DDR-Zeiten LPG-Besitz und wurden kontinuierlich instandgehalten. Weniger sorgte man sich um die Kirche. Untersuchungen zeigten, daß insbesondere ihre Turmfassade einsturzbedroht war. Nach der Wende war lange nicht klar, wem die Kirche in Jerichow gehört, und angesichts der absehbaren größeren Maßnahmen wollte sie keiner haben.

Der Pfarrer von Jerichow wandte sich in seiner Not an die Deutsche Stiftung Denkmalschutz in Bonn, die die statische Sicherung der Kirche unterstützte. Jerichow ist eines der großartigsten Klöster des 12. Jahrhunderts. Eine optisch und inhaltlich instruktiv aufbereitete Dauerausstellung informiert über seine Geschichte.

Quedlinburg

Alte Kaiserstadt, junges Welterbe

Am 15. Dezember 1994 wurde die kleine Fachwerkstadt als Unesco-Welterbe anerkannt. In Quedlinburg, Deutschlands größtem Flächendenkmal, leben kaum mehr als 24.000 Menschen. Ohne Hilfe von außen könnten sie dieses 90 Hektar große Gesamtkunstwerk nicht erhalten.

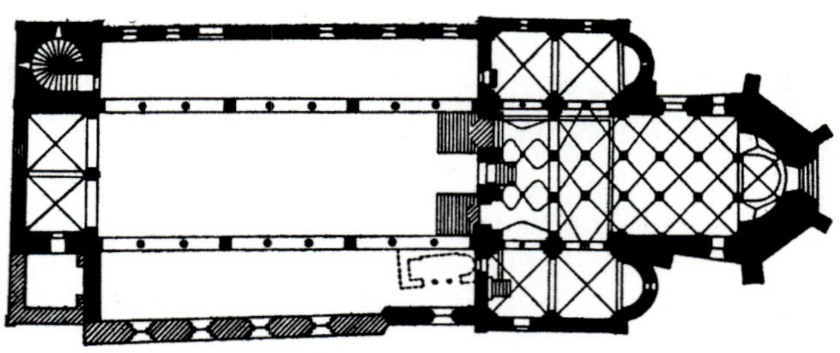

Der Grundriß der Stiftskirche St. Servatius auf dem Quedlinburger Schloßberg zeigt eine kreuzförmige, dreischiffige Basilika mit östlichem Querhaus. Die westliche Turmfront entstand erst für den Neubau des 11./12. Jahrhunderts.
Die im Jahre 961 unter Otto I. aus Maastricht überführten Gebeine des Heiligen Servatius gaben den Anlass für den Bau der ersten Stiftskirche, die 997 geweiht wurde. Die zeitliche und stilistische Verwandtschaft zu Gernrode ist offenkundig. Als der ottonische Bau von St. Servatius 1070 abbrannte, baute man den Nachfolgebau auf den alten Grundmauern wieder auf. Das Langhaus ist im ›sächsischen Stützenwechsel (zwei Säulen – ein Pfeiler) rhythmisiert. Der gotische Polygonchor ersetzt seit 1320 die ursprünglich romanische Apsis.
Der Innenraum (folgende Doppelseite) ist nicht denkbar ohne lombardische Steinmetzen, die die feinen Skulpturen an den Würfelkapitellen und Kämpfern ausarbeiteten. Das von den ottonischen Königen bevorzugte Adlermotiv kommt wohl aus dem Arabischen.

Quedlinburg ist eigentlich kein Geheimtip mehr. Im Sommer sieht man täglich viele Reisebusse am Stadtrand warten, während sich begeisterte Touristen in den Restaurants der Altstadt vom Schock der Schönheit erholen. Daß es so etwas wie Quedlinburg noch gibt! Vor zwölf Jahren, nach Öffnung der deutsch-deutschen Grenze am 9. November 1989, sah das Straßenbild völlig anders aus. Nach Quedlinburg verirrten sich nur hartgesottene Fachwerk- und Romanik-Freaks. Gastronomie und Stadtverwaltung lagen im Dornröschenschlaf.

Die Denkmalpfleger, die vom unschätzbaren Wert der über 1.300 Fachwerkhäuser und der Kirchen in dieser frühmittelalterlichen Stadt wußten, erhielten von staatlicher Seite vor der Wende wenig Hilfe. Erfahrene Restauratoren und Handwerker reparierten zu DDR-Zeiten so gut sie konnten, Fachwerkspezialisten dokumentierten und erforschten im Wettlauf mit der Zeit. Die rund 90 Hektar große Altstadt von Quedlinburg wurde in mehreren Fachbüchern publiziert. Doch dieser Menge an Gebäuden konnten einzelne Personen bei allem Engagement nicht gerecht werden. Als die Mauer fiel, war der Schrecken über den Zustand Quedlinburgs groß. Aus Unkenntnis fallen noch heute manchmal unfaire Worte.

Zu Unrecht, denn nur in wenigen westlichen Städten gelang die Rettung einer solchen Vielzahl wertvoller Baudenkmale. Sie verdanken sich letztlich dem ottonischen Stift St. Servatius, an dessen Fuße die Stadt entstand. Betrachtet man die Lebensdaten der Könige, verblüfft ihr jugendliches Alter, in dem sie die Welt bewegten und Kirchen auftürmten. Quedlinburg hat gute Chancen zu überleben, aber nur, wenn die Politiker mitziehen – die Bürger haben längst verstanden.

Die Fernsicht auf Quedlinburg zeigt, warum die Stadt im flachen, fruchtbaren Harzvorland entstehen konnte. Das aus der Ferne sichtbare Zentrum bildet der Schloßberg mit der Stiftskirche St. Servatius. Der Berg erlaubte den Blick ins Land. Heute bekrönt er die Fachwerkstadt, die sich zu seinen Füßen entwickelte. In Quedlinburg zählt man mehr als 1.300 Fachwerkhäuser aus dem 14. bis 19. Jahrhundert. Der Blick aus der Nähe (vorhergehende Doppelseite) zeigt, daß das Servatiusstift in der Renaissance ausgebaut wurde. Die Turmfront entstand im 11./12. Jahrhundert. Obwohl zwei Türme vorgesehen waren, wurde nur der Nordturm vollendet. Erst unter Ferdinand von Quast entstand anläßlich der Sicherung (1863–1882) der Südturm. Die Turmdächer erhielten nach 1945 Ziegel.

Die Äbtissinnen des Quedlinburger Stiftes St. Servatius gehörten üblicherweise zur Familie des Königshauses. Auch Adelheid, die älteste Tochter von Kaiserin Theophanu und Otto II., wurde hier zur Äbtissin ernannt. Bei Thietmar von Merseburg liest sich das wie folgt:

»... so wahrte sie (Theophanu) ihres Sohnes Herrschaft mit männlicher Wachsamkeit in ständiger Freundlichkeit gegenüber Rechtschaffenen, in furchtgebietender Überlegenheit gegenüber Aufsässigen. Von ihres Leibes Frucht brachte sie Gott ihre Töchter als Zehnten dar: die älteste, Adelheid, zu Quedlinburg, die zweite, Sophia, in Gandersheim.« (Thietmar Chron. IV, 10).

Am Anfang war der Finkenherd

Der Kampf der Sachsenfürsten um die Vorherrschaft unter den Adelsfamilien war zäh und voller Intrigen. Umso sagenumwobener und gottgewollter wurde er erzählt. Die Ballade von Johann Nepomuk Vogl kleidete die Machtkämpfe im 19. Jahrhundert in die bekannte Dichtung ein: »Herr Heinrich sitzt am Vogelherd, recht froh und wohlgemut ...«. Damit ist Heinrich I. gemeint, auch ›der Vogler‹ genannt. Er soll am ›Finkenherd‹ bei der Finkenjagd von den Fürsten inständig gebeten worden sein, König zu werden. Nüchtern liest sich das so: Im Jahre 919 wurde Heinrich I. zum König gewählt. Drei Jahre später, 922, wird seine ›Quitilingaburg‹ erstmals urkundlich genannt.

Heinrich I. war ein politischer Aufsteiger in einer labilen dynastischen Situation. Konkurrenten gab es genug. Heinrich mußte seine Herrschaft mit Fingerspitzengefühl und Privilegienvergabe festigen. Ganz bewußt verzichtet er auf die Königssalbung und nennt sich erst König, nachdem ihm die Verbündeten nach siegreicher Schlacht gegen den gemeinsamen Feind, die Ungarn, den Titel aufdrängten.

Wie diplomatisch Heinrich vorgehen muß, zeigt sich in der Wortwahl seiner Urkunden. Als ›Erster unter Gleichen‹ (›Primus inter pares‹), nimmt er den Gegnern den Wind aus den Segeln. Vorsorglich regelt er auf dem Hoftag am 16. September 929 in der ›Hausordnung‹ seine Nachfolge auf ungewöhnliche und umstrittene Weise nach dem Primogeniturprinzip, indem er seinem ältesten Sohn das gesamte Reich übergibt. Dieser tritt mit 24 Jahren als Otto I. nach dem Tode

Die dreischiffige, kreuzgratgewölbte Krypta im Osten der Stiftskirche St. Servatius entstand im 10./11. Jahrhundert als Grablege für das Königspaar Heinrich und Mathilde sowie später für die Äbtissinnen des Damenstifts.

Bei der Restaurierung im 19. Jahrhundert wurden die Grabdenkmäler vom Fußboden genommen und entlang der Wände aufgestellt. Erst bei dieser Restaurierung wurde 1868 die Confessio im Osten der Krypta wiederentdeckt und freigelegt. Diese hufeisenförmig in den Felsen eingetiefte Confessio wurde nach Ernst Schubert (in: Binding 2001, 83–86), wohl erst nach 955 gebaut.

Von der Confessio kann man in die Königsgruft blicken, wo sich noch heute der originale Steinsarg der am 13.5.968 verstorbenen Königin Mathilde mit ihren Gebeinen befindet. Daneben steht heute unter einer Kalksteinplatte der Bleisarkophag ihrer gleichnamigen Enkelin, der ersten Äbtissin von Quedlinburg. »Nur der Steinsarg der Königin Mathilde ist erhalten, der Sarg ihres königlichen Gemahls wurde sehr intensiv, aber vergeblich gesucht.« (Ernst Schubert in: Binding 2001, 84)

Rechts: Grundriß der Ostkrypta unter dem Chor der Stiftskirche St. Servatius (aus Rosner 1991, 244, nach Gerhard Leopold).

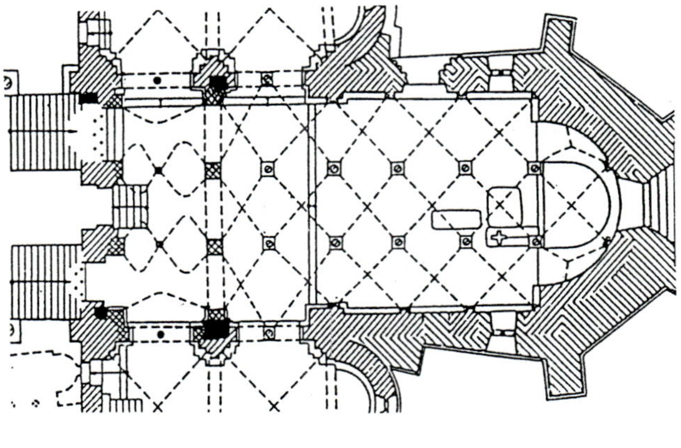

Das Foto zeigt die romanische Wipertikirche, im Hintergrund den Burgberg mit St. Servatius. Die Geschichte der Wipertikirche beginnt schon im frühen 10. Jahrhundert und ist umstritten. Schriftlich überliefert ist, daß das Kloster Hersfeld in Quedlinburg eine Pfarrkirche mit Reliquien des Klosterpatrons Wigbert (Wipert) besaß. Heinrichs I. Vater, Otto der Erlauchte, war vor 912 Laienabt des Klosters Hersfeld. Man nimmt an, daß deshalb die Wipertikirche in den Besitz der Ottonen kam, die dort nach 961 ein Stift gründeten. Das älteste ottonische Stift in Quedlinburg lag damit nicht auf dem Berg, sondern war St. Wiperti. Überdauert hat eine kleine Krypta (s. folgende Seite). Sie ist wahrscheinlich ottonisch und entstand im ersten Viertel des 11. Jahrhunderts. Die Kirche selbst wurde wohl nach 936 begonnen, 1020 umgebaut und zuletzt 1955–1958 für die katholische Gemeinde restauriert.

seines Vaters 936 die Königsherrschaft an. Wichtige Aufenthaltsorte sollten für Otto I. Quedlinburg und Magdeburg bleiben.

Nachdem Heinrich 936 in seiner Memlebener Pfalz starb, wurde er in die Quitilingaburg gebracht und dort beigesetzt. Durch die Hausordnung hatte er 929 die Witwengüter für die Königin Mathilde festgelegt: Quedlinburg, Grone, Duderstadt, Pöhlde und Nordhausen. So gründete Mathilde im Gedenken an ihren verstorbenen Mann 936 das hochadelige Kanonissinnenstift St. Servatius, das als kaiserliche Stiftung zu einem der einflußreichsten Stifte Europas aufsteigen sollte. Wegen seiner Größe wird es im Volksmund auch ›Dom‹ genannt, obwohl es nie Bischofssitz war. Die Ehrfurcht ist verständlich, denn in Quedlinburg residierten die jungen Königswitwen und -schwestern mit jedem erdenklichen Glanz. Dazu zählen die Engländerin Edgith, Ottos I. erste Gemahlin, die Italienerin Adelheid, seine zweite Frau, die byzantinische Prinzessin Theophanu, Adelheids Schwiegertochter, sowie die Kaiserschwestern Adelheid und Mathilde, die als Äbtissinnen ihren Bruder Otto III. vertraten. Diese Frauen waren gebildet, durch Europa gereist und politisch durchsetzungsfähig.

Einen Abglanz des kunsthandwerklichen Niveaus unter den Herrscherinnen

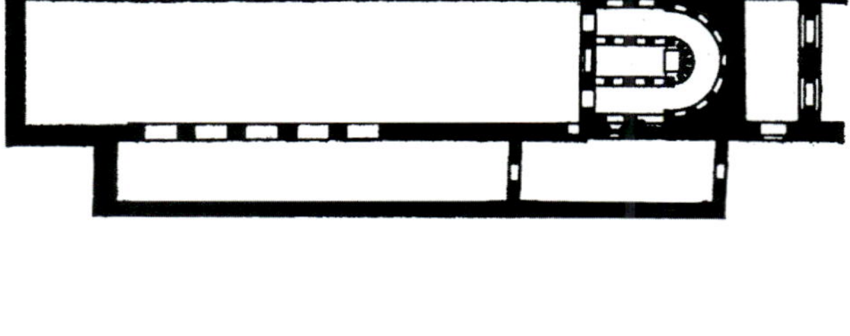

Links: Grundriß der Kirche St. Wiperti in Quedlinburg.

vermittelt der wertvolle Kirchenschatz im Schloßmuseum. Dort glänzen Gefäße, Bücher, Reliquiare, Elfenbeinarbeiten neben Schmuck und Evangeliaren, wie dem berühmten Evangeliar der Kaiserin Adelheid aus dem 10. Jahrhundert oder dem Knüpfteppich der Agnes von Meißen aus dem 12. Jahrhundert.

Manche Pretiosen begaben sich nach dem Zweiten Weltkrieg auf einen unfreiwilligen Ausflug nach Texas. 1945 wurde der Domschatz geplündert. Ein amerikanischer Soldat schickte elf Kleinodien per Feldpost an seine Familie. Der größte Teil der verschollen geglaubten Kunstwerke tauchte erst bei einer Auktion wieder auf und konnte 1993 zurückgekauft werden.

Das erste ottonische Königspaar, Heinrich I. und Mathilde, fand in der Krypta von St. Servatius die letzte Ruhestätte. Dort wurden auch die Äbtissinnen aus der sächsischen Familie beigesetzt.

Ostern in Quedlinburg

Die Ottonen beriefen viele Hoftage in Quedlinburg ein. Auch das Osterfest entwickelte sich zur besonderen Tradition und wurde aufwendig ausgerichtet. Die Feierlichkeiten gerieten stets zu einer Machtdemonstration, bei der König und Bischöfe Gelegenheit hatten, Präsenz zu zeigen und Einigkeit zu demonstrierten. Doch nicht immer ging es Ostern friedlich zu: Unmittelbar nach seiner Aachener Krönung mußte sich Otto I. in Quedlinburg des Mordanschlages seines Bruders und verbündeter Adeliger erwehren.

Unter der Königswitwe Mathilde begann der Ausbau der bestehenden Stiftskirche St. Servatius. 961 erhielt Mathilde die Reliquien des Heiligen Servatius aus Maastricht. Fünf Jahre danach (966) ließ Mathilde ihre, von ihr in Quedlinburg erzogene, zwölfjährige Enkelin mit gleichem Namen zur Äbtissin weihen, zwei Jahre später starb die Königinwitwe. Die junge Äbtissin war ganz in der Traditionspflege erzogen worden und setzte das Werk ihrer Großmutter fort. 997 wurde das Langhaus der Kirche geweiht.

Etwa zeitgleich mit der Basilika der Stiftskirche Gernrode (s. S. 40) errichtet, sind die Parallelen zu Quedlinburg eindeutig. Immerhin war der Bruder der jungen Mathilde, Otto II., mit der byzantinischen Prinzessin Theophanu verheiratet. Es ist undenkbar, daß sich die beiden Frauen nicht über ihre Großbaustellen ausgetauscht haben. Mathildes Mutter kam aus Italien, Theophanu aus der byzantinischen Hauptstadt Konstantinopel. Die Königstöchter konnten die besten Baumeister und Steinmetzen bezahlen.

Die Quedlinburger Kirche wurde zwar 1070 durch ein Feuer beschädigt, aber auf denselben Grundmauern wieder aufge-

Quedlinburg, Krypta unter St. Wiperti. Wahrscheinlich ist diese kleine Krypta noch ottonisch. Rosner datiert sie auf das erste Viertel des 11. Jahrhunderts. (Rosner 1991, 240).

Diese stimmungsvolle Krypta hat einen gestelzten halbkreisförmigen Grundriß. Das Tonnengewölbe wird von einem Stützenkranz aus Pfeilern und Säulen getragen. Teile der Stützen sind älter und wurden hier zweitverwendet (Grundriß aus Rosner 1991, 240, nach Gerhard Leopold).

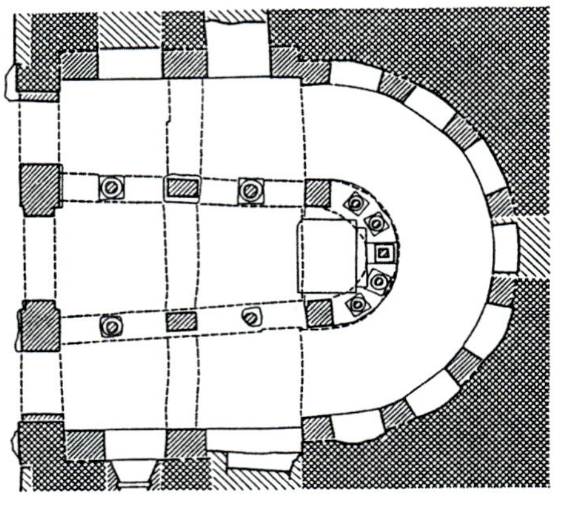

Etwa 1.300 Fachwerkhäuser zählt man in Quedlinburg. Die Fotos dieser Seiten sollen beispielhaft dafür stehen. Das obere Foto zeigt ein Fachwerkhaus in der Ballstraße.

Die Deutsche Stiftung Denkmalschutz fördert in Quedlinburg neben den Kirchen und dem Rathaus viele Wohnhäuser, für die sie ein sog. Fachwerkhäuserprogramm erstellt hat. In dem Gebäude Weingarten 22 beispielsweise werden nach der Sanierung altengerechte Wohnungen für ›betreutes Wohnen‹ entstehen. Dieses Projekt kam mit Hilfe der Lions und Rotarier zustande. Andere Erfolge, wie etwa die Jugendbauhütte, verdanken sich – wie im Mittelalter – privaten Stiftungen von Menschen, die sich für das Gemeinwohl mitverantwortlich fühlen.

baut, so daß sie einen Eindruck des ottonischen Raumes vermitteln kann.

Raumumdeutungen kamen erst tausend Jahre später. Denn die nationalsozialistische Regierung entdeckte die Kirche für Propaganda-Inszenierungen, die auf perfide Weise religiöse Rituale mit politischer Machtdarstellung verknüpften. Das leergeräumte Gotteshaus wurde als politische Kultstätte missbraucht, höhere Offiziere schworen an den Kaisergräbern auf die Hakenkreuzfahne. Die Nazis veränderten den Chor, bauten eine breite Treppenanlage davor und malten ein großes Hakenkreuz in die Apsis.

Unter der Diktatur wurde mittelalterliche Geschichte so verkürzt und umgedeutet, bis sie in das pervertierte Weltbild der Nazis paßte. Die höfische Kultur der Ottonen wurde für die plumpe Ideologie vom Germanentum mißbraucht. Die Regierung selbst förderte Grabungen an ottonischen Pfalzorten, um das ›dritte‹ Reich an das vermeintlich ›erste‹ deutsche Reich anzubinden. Nach 1945 wurde St. Servatius wieder zur Kirche gestaltet.

Weltkulturerbe schützt vor Zerstörung nicht

Quedlinburg ist über tausend Jahre alt. Unter Otto III. erhielt sie 974 das Münz-, Zoll- und Marktprivileg. Seitdem wuchs die Siedlung am Fuße des Berges noch schneller. 1163 wird der Bereich der heutigen Altstadt erstmals erwähnt. 1222 war sie so dicht bevölkert, daß man auf planmäßigem Grundriss eine Neustadt anlegte und diese 1330 durch eine Stadtmauer schützte. Quedlinburg ist mit den Kirchen St. Servatius, St. Ägidien, St. Benedikti, St. Blasii und St. Nikolai, mit dem Renaissance-Rathaus und seinen 1.300 Fachwerkhäusern das Dokument einer Stadt auf mittelalterlichem Grundriß.

Kaum jemand kennt die Stadt so gut wie Hans-Hartmut Schauer, Fachwerkspezialist und langjähriger Denkmalpfleger aus Halle. Für ihn ist Quedlinburg »ein Beispiel für eine große Fachwerkstadt. Neben vielen reich beschnitzten Gebäuden aus dem 16. Jahrhundert im niedersächsischen Fachwerkstil stammen etwa 80 Prozent alle Bauten zu gleichen Teilen aus dem 17. und 18. Jahrhundert.«

Jede noch so wohlgemeinte Kopie eines bereits eingestürzten Hauses bleibt indes ein kosmetischer Ersatz. Sie wird nie das Originalbauwerk ersetzen können, das in seiner Individualität unwiederholbar bleibt.

Manche fragten sich nach der Wende: Wie können so viele Häuser so akut gefährdet sein? Aber praktisch war seit 1914 durch die beiden Kriege und die Nöte der Nachkriegszeiten keine systematische Denkmalpflege mehr möglich gewesen. Quedlinburg gehörte zwar zu den 22 Altstädten der DDR, die auf der zentralen

Der Marktplatz in Quedlinburg bildet einen quirligen Treffpunkt im Herzen der Altstadt, die aus dem kontrastreichen Nebeneinander von schmalen, gewundenen Gassen und weiten Plätzen lebt.
Vor dem Renaissance-Rathaus steht eine Roland-Statue. Sie wurde 1426 als Zeichen für städtische Marktfreiheit und Handelsprivilegien aufgestellt. Doch als 1477 die Äbtissin Hedwig, eine Tochter des Kurfürsten Friedrich von Sachsen, mit Waffengewalt die Autonomiebestrebungen der Bürger niederschlug, wurde der Roland gestürzt und blieb bis 1860 verschollen. Zufällig fand man ihn im Geröll, restaurierte ihn und stellte ihn 1869 am ehemaligen Pranger vor dem Rathaus auf.

Denkmalliste standen, aber es mangelte an Baumaterial und Geld. Die Erneuerung der Stadt ist ein kontinuierlicher Prozeß, eine permanente Aufgabe ohne Aussicht auf eine endgültige Lösung. Um eine Stadt wie Quedlinburg zu bewahren, bedarf es ständiger Pflege. Findet sie nicht statt, sind die Folgen besonders bei Holzbauten dramatisch.

Auch Gottfried Kiesow, langjähriger hessischer Denkmalpfleger und Vorstandsvorsitzender der Deutschen Stiftung Denkmalschutz, erkannte schnell die Problematik dieser Stadt: »Wichtig ist, daß die Quedlinburger selbst Häuser kaufen können, daß sie beispielsweise durch Zimmervermietungen ein Einkommen erwirtschaften. Es schadet dem gesamten Klima in der Stadt, wenn ausschließlich Westdeutsche Immobilien erwerben und die Einheimischen zur Miete wohnen. Nur ein Hauseigentümer, der zugleich hier wohnt, fühlt sich gefühlsmäßig mit der Stadt verbunden, pflegt sein Haus und sorgt sich um das Gemeinwohl in seiner Stadt.«

Die Jugend motivieren

Die Deutsche Stiftung Denkmalschutz wurde in Quedlinburg schnell aktiv, stellte Geld für Sofortmaßnahmen zur Verfügung und entwickelte ein Programm zur Rettung der Fachwerkhäuser. Gemeinsam mit der Stadt, dem Bund, vielen Organisationen und Vereinen hat sie vor zehn Jahren Konzepte entwickelt, die nun Früchte tragen. Die Stiftung gibt nicht nur Geld für Baumaßnahmen an den unersetzlichen Kirchen der Stadt, sondern will Bürgern Hilfe zur Selbsthilfe leisten.

Besonders wichtig ist ihr dabei, Jugendlichen zu vermitteln, warum man alte Bauwerke bewahren sollte. Mit unerwarteter, bundesweiter Resonanz hat die Stiftung 1999 in Quedlinburg die erste ›Jugendbauhütte‹ eingerichtet, eine Institution, in der junge Erwachsene ein freiwilliges Jahr in der praktischen Denkmalpflege und Restaurierung absolvieren können. Das Projekt wird seit dem Jahre 2001 in anderen alten Städten nach dem Quedlinburger Muster fortgeführt.

Fachwerkhaus Hohe Straße 3.

Der Bürgermeister betont, warum das Geld, das die Stadt von der Deutschen Stiftung Denkmalschutz bekommt, so wichtig ist. Ohne dieses Geld hätte Quedlinburg nämlich keine Chance mehr, die Fördermittel des Bundes zu beanspruchen. »Ohne die Förderprogramme vom Bund und Land wären wir verloren. Aber: Wir bekommen nur dann Geld von der öffentlichen Hand, wenn wir Eigenmittel vorweisen können. Doch genau die hätten wir nicht, wenn uns nicht die Gelder der Deutschen Stiftung Denkmalschutz als Eigenmittel anerkannt würden.«

Wie in vielen Städten Ostdeutschlands, gehen auch in Quedlinburg die Einwohnerzahlen zurück. Die Statistiken sollten wachrütteln. Die Zinsen drücken die verschuldete Stadt schwer, die Arbeitslosigkeit liegt bei 21 Prozent, 20 Prozent arbeiten auf befristeten ABM-Stellen.

Quedlinburg ist kein Einzelfall. Die Stadt ist alt und unersetzlich wertvoll. Ihre Rettung geht alle an.

Fachwerkhaus Word 3.

Unsterbliches Fachwerk

Wenn Fachwerkfreunde den Namen der Stadt Osterwieck hören, bekommen sie glänzende Augen. Wer Quedlinburg, Goslar oder Salzwedel liebt, der kennt auch Osterwieck. Dieses bezaubernde Harzstädtchen im Schatten der berühmten Fachwerkstadt ist älter als sein spätmittelalterliches Stadtbild vermuten läßt. Seinen Reichtum verdankt es einem Handelsweg.

Romanisch ist an Osterwiecks ältester Kirche St. Stephani (rechts die Westfassade) nur noch der untere Teil der westlichen Doppelturmfassade aus dem 12. Jahrhundert. Die romanische Kirche wurde in der Gotik erweitert und im 16. Jahrhundert umgestaltet. (Straße der Romanik Nr. 32)

Was für ein Reichtum! Was für eine Formenvielfalt! Jedes Haus ist unterschiedlich geschmückt. Ornamental und figürlich beschnitzt, mit ›redenden Familienwappen‹ und Tieren bemalt, mit bezugreichen Spruchbändern versehen, als gelte es, einen Wettbewerb in Originalität zu gewinnen.

Der Schmuckreichtum des sächsischen Fachwerks widerlegt das immer noch verbreitete Vorurteil, daß Fachwerk im Unterschied zum Steinbau etwas mit Armut oder Einfachheit zu tun habe. Vielmehr ist die Fachwerktechnik eine flexible, landschaftsabhängige, langlebige Bauweise, die es wie bei einem modernen Stecksystem erlaubt, Häuser zu erweitern, aufzustocken oder marode Bauteile relativ einfach auszutauschen. Holzbalken reagieren elastisch auf Feuchtigkeit, Temperatur und Wind. Wände aus Stroh, Kalk, Lehm und Holz atmen und sorgen für ein angenehmes Raumklima. Doch wieso ›sächsisches‹ Fachwerk?

Man unterscheidet zunächst zwischen alemannischem, fränkischem und (nieder)sächsischem Fachwerk, wobei letzteres im Harzvorland vorherrscht. Braunschweig, Hildesheim, Halberstadt, Goslar, Quedlinburg, Salzwedel oder Osterwieck haben die wohl großartigsten Stadtbilder aus sächsischem Fachwerk hervorgebracht. Doch Holz ist gegen Feuersbrünste weniger gefeit als Stein, und so verbrannten berühmte Fachwerkstädte wie Hildesheim, Braunschweig und Halberstadt im Bombenhagel des Zweiten Weltkrieges fast völlig.

Osterwieck hat als dreidimensionale Manifestation der Fachwerkkunst überlebt. Seine ältesten erhaltenen Häuser gehen auf die Zeit nach dem Stadtbrand im Jahre 1511 zurück. So findet man hier Häuser von der Spätgotik bis ins 19. Jahrhundert. Während sich an den Konstruktionsprinzipien und an der Bauweise in vier Jahrhunderten wenig geändert hat, unterlag der Bauschmuck den Moden.

An vielen Häusern in Osterwieck, wie hier am Haus Schützenstraße 2, findet man das Motiv des Löwen. Er ist ein Kennzeichen des ›Niedersächsischen Fachwerkstils‹. Für die Osterwiecker hieß der Löwe außerdem, daß in dem Haus gebraut wurde.

Das untere Foto zeigt das Haus Mittelstraße 26.

Osterwieck ist wie Quedlinburg ein lebendes Lehrbuch in Sachen Fachwerkentwicklung mit Häusern, die seit dem 16. Jahrhundert entstanden. Beide Städte hat der Denkmalpfleger und langjährige Fachwerkspezialist Hans-Hartmut Schauer in seinen Büchern ausführlich dargestellt. Das kleine Foto oben zeigt das Doppelhaus in der Kapellenstraße 1. Das im oberen Bild linke Haus trägt über den Balkenköpfen farbig bemalte Rosetten. Es entstand 1537 und ist eine sehr frühe Form des ›Niedersächsischen Fachwerkstils‹. Der rechte, später erbaute Hausteil zeigt keine Rosetten mehr, sondern Brüstungsfelder, die die Mode der Rosetten ablösten.

Das 1534 erbaute Eulenspiegelhaus (Foto oben links) zählt zu den berühmten und ältesten Fachwerkhäusern von Osterwieck. Es konnte in den vergangenen Jahren gerettet und restauriert werden.

Über einem niedrigen Steinsockel liegt die Grundschwelle, auf der die eingezapften Ständer relativ nahe beieinander stehen. Die Gefache sind ungefähr doppelt so hoch wie breit, bilden somit Hochrechtecke. Typisch für das sächsische Fachwerk ist das zum Teil gewaltige Vorkragen der oberen Stockwerke, das viele Möglichkeiten zum plastischen Verzieren der Holzbalken bietet.

Wer durch die gewundenen, romantischen Gassen von Osterwieck spaziert, erlebt ein spätmittelalterliches Straßenbild auf gewachsenem Stadtgrundriß, das fünf Jahrhunderte überstanden hat. Manche Haussprüche geben Rätsel auf, andere geben Lebensweisheiten mit. Stets berichten die Häuser darüber, was die Hausherren bewegte. Kaufleute, Bauern und Bürger haben dieses Städtchen an der Handelsstraße von Braunschweig nach Halberstadt geprägt, die Spuren der adeligen Gründer hingegen sind kaum erkennbar.

Dabei verdankt sich Osterwieck den Karolingern: Urkundlich wird überliefert, daß hier unter Karl dem Großen (768–814) im Jahre 780 das Bistum ›Salingenstade‹, Seligenstadt, gegründet wurde. So hieß Osterwieck bis ins 11. Jahrhundert. Warum das junge karolingische Bistum unter Bischof Hildegrim I. (804–827) aufgelöst und ins nahegelegene Halberstadt (s. S. 82) verlegt wurde, ist nicht eindeutig überliefert. Die Ottonen verliehen Seligenstadt an der wichtigen Straße im Jahre 974 die Zoll- und Münzrechte. Kaufleute gründeten hier auf dem Weg nach Osten Stapelplätze für ihre Waren, sogenannte Wiken. Von den Wiken für den Osten leitet sich der Stadtname ab. Bauern folgten den Kaufleuten in das fruchtbare Land am Nordrand des Harzes, das durch Handel mit dem Rest der Welt verbunden und dadurch reich wurde. Von diesem bürgerlichen Reichtum berichten die farbenfrohen Fachwerkhäuser.

Ein Kleinod mittelalterlicher Stuckplastik

Welch ein Kontrast! Im Tal das moderne Halberstadt mit Neubauten, Kaufhäusern und Autoschlangen – und auf dem ausgedehnten Felsplateau mittelalterliche Geschichte: Nur wenige Stufen trennen die heutige Welt von der vergangenen. Halberstadts Domburg zählt zu den eindrucksvollsten alten Stadtbildern.

Die Liebfrauenkirche in Halberstadt birgt eine der wenigen noch erhaltenen spätromanischen Chorschranken Deutschlands. Als Chorschranke bezeichnet man einen aus Stein oder Holz gearbeiteten Sichtschutz, der bei Klosterkirchen den Chorraum mit den Klerikern vom Laienraum im Mittelschiff trennt.

Die Halberstädter Chorschranken, wohl um 1200 entstanden, bestehen aus zwei steinernen Mauern, denen eine Bogenfolge und fast lebensgroße Figuren aufgeblendet sind. Auf der Mauer verläuft eine hölzerne Arkade mit schmaleren Rundbögen, die sich nicht auf den Rhythmus der Blendbögen beziehen.

Aus Stuck modellierte, antikisierende Figuren, sitzen jeweils unter einem Bogen. Sie stellen Jesus, Maria mit dem Kind und die zwölf Apostel dar.
Die Chorschranke im nördlichen Querhaus schmückt eine in der Mitte sitzende Christusfigur, flankiert von je drei Aposteln zur Linken und zur Rechten. Das linke Foto gibt den Blick in die Vierung und das nördliche Querhaus wieder: Diese südliche Chorschranke zeigt die Gottesmutter Maria mit dem Jesuskind, ebenfalls flankiert von je drei Aposteln. In St. Michael in Hildesheim sowie in Hamersleben (S. 133) sind kleinere Stücke von stilistisch verwandten Chorschranken erhalten. Seit über hundert Jahren beschäftigt sich die Forschung mit der Datierung.

Seit Hunderten von Jahren ziehen sie Menschen wortlos in ihren Bann und sagen unmißverständlich nichts anderes, als daß sie anwesend sind. Und zwar immer, unabhängig von Zeit und Raum. Die Stuckfiguren sitzen an den Außenseiten der Chorschranken in der Liebfrauenkirche und bilden eine Reihe ernsthafter Wächter vor dem Sanktuarium. Sie sind die Kronzeugen aus den Anfangstagen des Christentums und bewachen den Chorraum der Klosterkirche, zu dem nur den Stiftsherren der Zutritt erlaubt war. Sie berufen sich auf die heiligen Schriften in ihren Händen, die ihre Berichte enthalten.

Antike Kunst lebt fort

Seit etwa 800 Jahren sitzen sie hier. Jugendfrisch, in antike Gewänder gehüllt, festlich und würdig. Erst seit hundert Jahren bereiten sie den Kunsthistorikern Kopfzerbrechen, da es nur wenige datierte Vergleichsbeispiele gibt. Sind sie nun vor, um oder bald nach 1200 entstanden? In welcher Beziehung stehen sie zu den ähnlichen Lettnerfragmenten in Hamersleben und in St. Michael in Hildesheim? Und woher bezogen die Künstler ihre Vorbilder? Von antiken Sarkophagen, Reliquienschreinen, von Tragaltären, aus der byzantinischen Kunst, von der Buchmalerei?

Wer immer die unbekannten Meister waren, sie haben sich offenkundig darum bemüht, jede Figur mit etwas anderer Körper-, Kopf- und Beinhaltung individuell zu modellieren. Sie hatten Übung darin, die Reliefskulpturen plastisch aus dem Stuck herauszuarbeiten und ihre Gesichter und Kleidung lebensnah zu gestalten.

Es ist ein glücklicher Umstand, daß sich spätmittelalterliche Farbreste erhalten haben. Sie veranschaulichen, wie groß der Unterschied ist zwischen einem farbig gefaßten und einem steinsichtigen Bildnis. Schließlich erleben wir heute die meisten Skulpturen, Grabmäler und Räume ohne ihre ursprüngliche, kräftige Farbigkeit. Damit stehen wir gleichsam in Ruinen, oder besser: in Rohbauten, und vor unvollendeten Werken, denn die Farbe gehört dazu. Ohne Farbfassung, so wie wir, haben die mittelalterlichen Betrachter ihre Bauten und Skulpturen nie gesehen.

Auch wenn die Farbreste auf den Halberstädter Chorschranken erst spätmittelalterlich sind, auch wenn sich das Grün mit der Zeit ins Bräunliche verfärbt hat und die feinen aufgemalten Stoffmuster verblichen sind, so ist doch erahnbar, wie lebendig sie einst gewirkt haben müssen. Wer Buchmalereien und antike Bildnisse von Sarkophagen vor Augen hat, erkennt viele Details wieder. Die Falten der Gewänder, der Rankenfries mit figürlichen und vegetabilen Formen, mit Löwen, Zentauren und Mischwesen, die Kapitelle und Säulen – vieles verweist darauf, daß die Kunst des römischen Imperiums nicht ›untergegangen‹, sondern ›aufgegangen‹ ist, daß sie von den christianisierten Bewohnern nördlich der Alpen über Jahrhunderte hin weiter entwickelt wurde.

Wenn in den Urkunden der fränkischen und sächsischen Herrscher von einer Erneuerung, einer ›Renovatio Imperii Romanorum‹ die Rede ist, dann stand den karolingischen, ottonischen und salischen Königen die Idee des römischen Weltreiches lebendig vor Augen. Schließlich hatten viele römische Großbauten nördlich der Alpen die Jahrhunderte überstanden, etwa in Burgund, Köln oder Trier. Bildnis-

Die Luftaufnahme der Liebfrauenkirche in Halberstadt zeigt die baulichen Erkennungszeichen: Ihre vier Türme bilden zusammen mit den Domtürmen und denen der Marktkirche St. Martini das Wahrzeichen der Stadt.

Charakteristisch für Liebfrauen ist ferner das mächtige, durchgehende Querhaus im Osten. Im Inneren ist dieses Querhaus räumlich durch die Chorschranken (vorhergehende Seiten) in ein nördliches und ein südliches Querhaus geteilt.

Das große Foto zeigt die Liebfrauenkirche von Südosten als eine dreischiffige, romanische Basilika mit westlicher Doppelturmfront. Sie ist die einzige romanische Kirche in der Königslandschaft Sachsen, die vier Türme gesitzt. An der westlichen Turmfassade beginnt die Klausur mit dem Chor der ›Taufkapelle‹. Im Winkel zwischen Querhaus und Seitenschiff ist die Barbarakapelle angeschnitten.

Vermittelt über St. Peter in Erfurt (1103–1147), lassen sich an der Halberstädter Liebfrauenkirche ebenso wie in Hamersleben (S. 133) die noch jungen Reformideen der Hirsauer Bauschule ablesen.

(Straße der Romanik Nr. 31)

se und Bücher lagen in den Klöstern und der kaiserlichen Hofkapelle in Aachen.

Das Geistesleben der sächsischen Romanik ist nicht zu verstehen ohne das Wissen darum, daß es von Rom und Konstantinopel angeregt wurde. Nicht zuletzt brachten die Kreuzzüge, denen tausende Menschen in den Südosten folgten, persönliche, künstlerische und kaufmännische Verbindungen zwischen der christlichen und der islamischen Welt, zwischen Westrom und Ostrom, zwischen dem westeuropäischen und dem orientalischen Kulturkreis mit sich. Nicht zuletzt wurde die Bautechnik der französischen Gotik durch diesen Austausch angeregt.

Nachweislich überführte der Bischof Konrad von Krosigk von dem unrühmlichen vierten Kreuzzug im Jahre 1205 vielbestaunte Schätze nach Halberstadt, die noch heute zu den glanzvollen Stücken des Domschatzes gehören. Der traurige Höhepunkt des Kreuzzuges war die Plünderung der oströmischen Hauptstadt Konstantinopel, an der sich Kreuzritter vieler Länder bereicherten. Die Mittelmeermacht Venedig profitierte von der Not der Kreuzritter ebenso wie von deren Beutezügen. Auch Halberstadt erhielt etliche Kostbarkeiten, darunter Reliquien. Ob rechtmäßig oder unmoralisch – die überlieferten Kunstwerke belegen den regen Kontakt zwischen den Kulturkreisen.

Das Bautenensemble des Domplatzes

Die Halberstädter Chorschranken sind in der ehemaligen Stiftskirche Unser Lieben Frauen zu sehen, die bis 2001 saniert und restauriert wurde. Diese romanische Pfeilerbasilika mit einem westlich anschließenden Kreuzgang erhebt sich auf dem Domplatz zu Halberstadt gegenüber des gotischen Domes St. Stephanus und St. Sixtus. Zwischen diesen beiden Großbauten dehnt sich der baumbestandene Domplatz aus, der an den Langseiten von historischen Häuserzeilen gefaßt wird. Zweifellos gehört dieser Platz zu den großartigsten mittelalterlichen Kirchenensembles in Deutschland.

Adolf Siebrecht und seine Halberstädter Kollegen haben die Geschichte des Domplatzes durch Ausgrabungen bis in die Entstehungszeit zurückverfolgen können und ausführlich dargestellt. Demnach schlägt die Geburtsstunde dieses Platzes vor etwa 1200 Jahren, im Jahre 804, mit einer karolingischen Missionskirche, dem Vorgängerbau der Domburg. Dom bedeutet Bischofskirche, und ein Bischofssitz wurde im sächsischen Grenzland unter den Karolingern dort eingerichtet, wo es darum ging, die ortsansässige Bevölkerung zu missionieren.

Halberstadt entwickelte sich mit der Entscheidung Karls des Großen, das Missionszentrum im nahegelegenen Seligenstadt (das spätere Osterwieck, S. 78) aufzugeben und stattdessen hier ein Bistum zu gründen. Die Motive sind nicht klar, vermutlich spielten die Lage auf der Hochterrasse und die sich kreuzenden Fernhandelsstraßen in diesem Randgebiet des fränkischen Reiches eine Rolle.

In ottonischer Zeit waren die Sachsen längst christianisiert und verwandtschaftlich mit dem fränkischen Adel verbunden, doch hundert Jahre zuvor, unter den Karolingern, führten die Franken gegen die Sachsen noch erbitterte Kämpfe. Verkürzt formuliert, kamen erst die Franken aus

Der Grundriß der Liebfrauenkirche in Halberstadt zeigt eine dreischiffige Pfeilerbasilika mit mächtigen Querschiff.

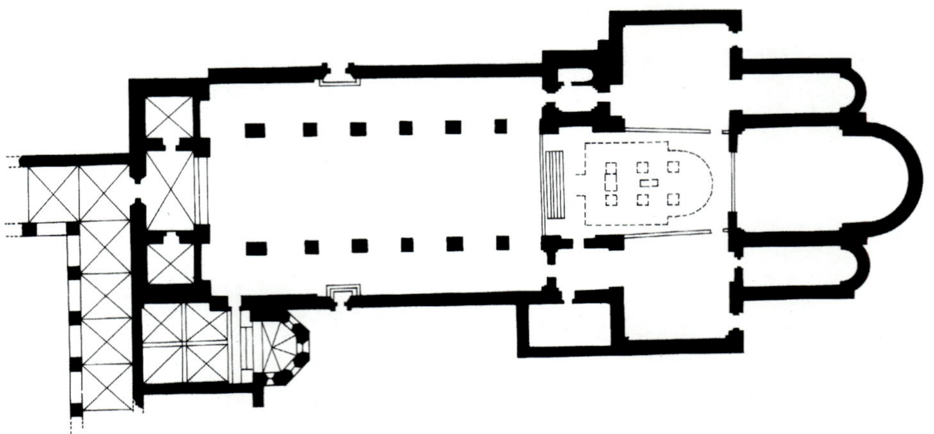

Blick durch das Langhaus in den Chor der Liebfrauenkirche. Die flachgedeckte, dreischiffige Pfeilerbasilika erscheint seit dem Wiederaufbau nach dem Zweiten Weltkrieg und der neuerlichen Sanierung Ende des 20. Jahrhunderts als heller, ruhiger Innenraum, der durch acht Pfeiler rhythmisiert ist. Künstlerischer Höhepunkt sind die Chorschranken im nördlichen und südlichen Querschiff, deren Standort im Foto links und rechts erkennbar ist. Das an einer Kette vor der Vierung herabhängende monumentale Triumphkreuz wird auf etwa 1230 datiert und zählt zu den wertvollen mittelalterlichen Kunstwerken, die in Halberstadt erhalten sind. Während die Liebfrauenkirche nur wenige Ausstattungsstücke enthält, zählt der Halberstädter Domschatz, gleich gegenüber, zu den reichsten Domschätzen, die noch erhalten sind.

dem Westen und unterwarfen die Sachsen. Als diese christianisiert waren, setzten sie die Missionspolitik der vormaligen Gegner fort, indem sie die Slawen bekriegten. Freilich gingen dabei religiöse und wirtschaftliche Interessen Hand in Hand. Und zweifelsohne profitierte der jüngst aufgestiegene sächsische Adel, besonders die reiche Familie der Ottonen, ebenso vom Silberabbau im Harz wie vom Menschenhandel mit Gefangenen. Ganz in antiker Tradition verkaufte man die Slawinnen und Slawen als Sklaven.

Die karolingische Missionskirche wurde wenige Jahrzehnte später durch einen größeren Dombau ersetzt, für den das Weihedatum 859 überliefert ist. Dieser karolingische Dom hatte beinahe die Länge des heutigen. Dennoch war der ›Einsturz‹ dieses ersten Domes im Jahre 965 ein willkommener Anlaß für einen ottonischen Neubau, denn das Bistum Halberstadt sah sich inzwischen in Konkurrenz zu Magdeburg. Otto den Großen kostete es seit 955 jahrelange Überzeugungsarbeit, um in Magdeburg gegen den Widerstand des Halberstädter Bischofs ein weiteres Bistum zu errichten. Erst 968 konnte Otto I. das Bistum Magdeburg gründen und mit dem Ausbau einer großen Kirche beginnen. Für 992 ist die feierliche Weihe des neuen ottonischen

Der gotische Dom zu Halberstadt markiert jene Stelle auf dem Hochplateau über der Stadt, an der 804 die 1200jährige Entwicklung der Domburg begann. Der Dom schließt den Domplatz im Osten ab, während ihm im Westen die ehemalige Stiftskirche Unser Lieben Frauen gegenübersteht. Die Grundrisse unten veranschaulichen die romanischen Bauphasen bis zum Entstehen des gotischen Doms. Diese Kenntnisse verdanken wir den Forschungen von Gerhard Leopold und Fritz Bellmann aus den Jahren 1952–1955 (Zeichnung nach Peter Findeisen 1996).

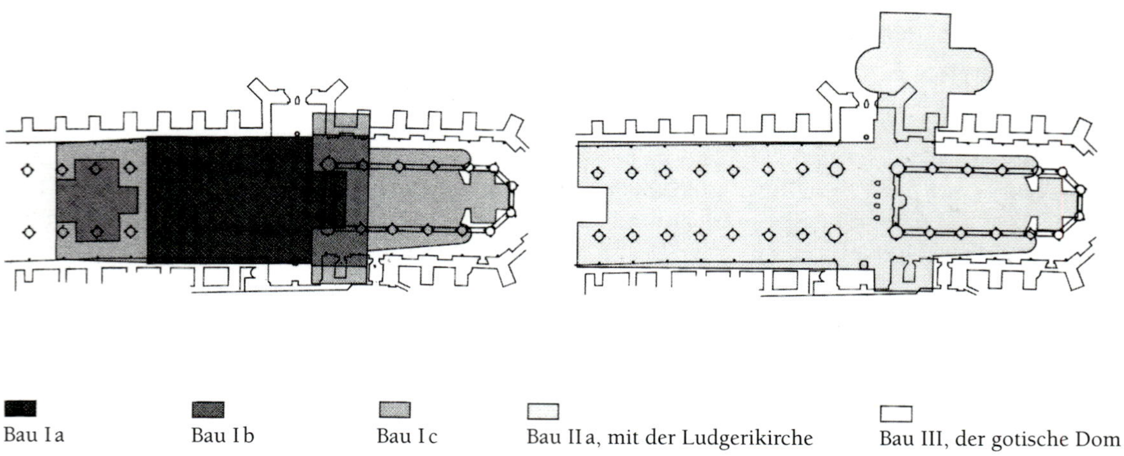

Die frühgotische Westfassade ist der älteste zusammenhängende Teil des gotischen Domes und hat die Forschung seit vielen Jahren beschäftigt. Wohl in Konkurrenz zu den Neubauten in Magdeburg (seit 1209), Mainz (1239 fertig), Bamberg, Naumburg und Gelnhausen (1240 fertig) nutzte der Halberstädter Bischof eine beträchtliche Summe aus einem Ablaß, um seinen noch neuen Dom abermals zu erweitern. Er begann ungewöhnlicherweise mit dieser Doppelturmfassade vor der bestehenden, wenige Jahre zuvor (1220) geweihten Domkirche. Vergleiche mit der Stiftskirche in Quedlinburg und mit rheinischen Klosterkirchen zeigen, daß westliche Doppelturmfassaden zu dieser Zeit nicht neu waren. Auch die Gliederung läßt ebenso an französische wie an rheinische Vorbilder denken. Der aufgetreppte Rundbogenfries ist von der Kathedrale in Laon und von Limburg an der Lahn bekannt. Das Maßwerk des Radfensters und des Mittelportals wurde erst bei der Wiederherstellung nach 1867 eingefügt.

Domes in Halberstadt überliefert. Die Bischöfe bauten in Konkurrenz zueinander. Sie wollten sich bei der Ausstattung mit antiken Materialien, die man in Italien kaufte oder raubte, und in den kostbaren Reliquien übertreffen.

Vom Glanz der beiden Großbauten ist nichts mehr erhalten, denn Heinrich der Löwe griff Halberstadt im Jahre 1179 an. Die Stadt und die Domburg brannten. Die ehrgeizigen Pläne für einen gotischen Neubau des Domes sollten sich fast 200 Jahre hinziehen: Der heutige Dom wurde im zweiten Viertel des 13. Jahrhunderts begonnen – aus dieser Zeit rührt der frühgotische, untere Teil der Westfassade – und erst im 15. Jahrhundert fertiggestellt. Dennoch ist er ein beeindruckendes Meisterwerk gotischer Baukunst in Deutschland, der einen der wertvollsten mittelalterlichen Domschätze beherbergt.

Der Dom und die Liebfrauenkirche bilden ein spannungsvolles Gegenüber an den Enden des Domplatzes. Unter Bischof Arnulf im Jahre 1005 als Kollegiatstift gegründet, war die Maria geweihte Liebfrauenkirche eine ottonische Stiftskirche mit stattlichen Ausmaßen und einer dreischiffigen, allerdings nur archäologisch nachgewiesenen Krypta. Dieser erste Bau wurde nach einer Stiftung ab 1089 erweitert und 1146 geweiht. In dieser Zeit werden die beiden Osttürme errichtet. Ebenso wie der Dom litt auch Liebfrauen durch den Stadtbrand 1179. Wie groß der Schaden war, ist nicht genau nachvollziehbar. Die Liebfrauenkirche wurde jedoch nach dem Brand in den alten For-

Der Halberstädter Domschatz zählt zu den bedeutendsten und umfangreichsten mittelalterlichen Domschätzen. Daß er nach Aufhebung des Domstiftes im 19. Jahrhundert nicht aufgeteilt und verkauft wurde, verdankt er der evangelischen Domgemeinde, die sich bei der damaligen Regierung erfolgreich für seine Bewahrung am ursprünglichen Ort einsetzte.

Zum Domschatz zählen neben goldenen und silbernen Reliquiaren, liturgischem Gerät wie Kelchen, Schalen, Schränken, Gewändern, Büchern und Skulpturen auch wertvolle Textilien. Bestickte Seidenstoffe sind besonders kostbar, da sie durch ihr empfindliches Material seltener erhalten sind.

Das Foto zeigt einen Ausschnitt von einem der berühmten Bildteppiche in der Teppichkammer des Domes, den Apostel-Teppich. Christus thront als endzeitlicher Weltenrichter in der Mandorla, umgeben von den Erzengeln Michael und Gabriel. Der stilistische Einfluß der oströmischen Kirche ist ablesbar. Nach deren Tradition begleiten die beiden Erzengel den Weltenrichter.

men wieder aufgebaut. Lediglich den Westbau erhöhte man um das Jahr 1200 durch die beiden Türme. Seitdem wurde der nunmehr viertürmige Bau zum baulichen Vorbild für andere Kirchen. Die eingangs beschriebenen Chorschranken gehören in diese spätromanisch-frühgotische Bauzeit um 1200.

Nachdem Liebfrauen heute frisch saniert ist und die Besucher mit strenger Eleganz empfängt, ist kaum noch vorstellbar, in welch traurigem Zustand sich die Stiftskirche zu Beginn des 19. Jahrhunderts befunden hat. Jahrzehntelang ungenutzt, galt sie um 1830 sogar als einsturzbedroht. Gerettet wurde sie von den ›frühen Denkmalpflegern‹ Karl Friedrich Schinkel und Ferdinand von Quast, denen die Rettung etlicher mittelalterlicher Bauten zu verdanken ist. Beiden ging es neben der Sicherung der Liebfrauenkirche darum, den romanischen Bau möglichst ›richtig‹ wieder herzustellen und spätere An- und Einbauten zu entfernen.

1825 hatte man Teile der spätromanischen Ausmalung entdeckt und sich in Anlehnung daran bemüht, dem Kirchenraum eine romanisierende Farbfassung zu geben. Diese Ausmalung des 19. Jahrhunderts ist in Fotos überliefert und wurde beim Wiederaufbau bis 1954 zugunsten einer weiß-grauen Tünchung aufgegeben. Mit Sicherheit entspricht die farbliche Zurückhaltung, die die Architektur selbst zur Geltung bringt, mehr dem heutigen Farbempfinden als die historisierende Ausmalung des 19. Jahrhunderts. Dem Farb- und Raumempfinden der mittelalterlichen Kirchenbauer allerdings wird das ›Bunte‹ des 19. Jahrhunderts mehr zugesagt haben, auch wenn die Motive im Detail eben ›nach 19. Jahrhundert‹ aussahen. Die kräftige Farbigkeit der Chorschranken, der Bildteppiche und Tafelbilder im Domschatz läßt erkennen, daß Welten zwischen der farb- und musterreichen Pracht des Mittelalters und dem heutigen Geschmack liegen. Überflutet von grellen, flackernden Fernseh- und Werbebildern fühlen wir uns mehr von der ruhigen, puren Architektur angezogen. Diese finden wir in Halberstadt.

Die Deutsche Stiftung Denkmalschutz unterstützt nicht nur die Sanierung von Baudenkmalen, sondern sucht kontinuierlich Stifter für die dauerhafte Pflege und Restaurierung von Gebäuden und Ausstattungsstücken wie den Halberstädter Domschatz. So konnte neben der direkten Förderung beispielsweise auch für die Chorschranken der Liebfrauenkirche eine Stiftung errichtet werden.

Das Foto zeigt das rechte Ende des berühmten Abraham-Teppichs aus dem 12. Jahrhundert, der zu den ältesten erhaltenen Wirkteppichen in Europa zählt. Der Abraham-Teppich stellt in einer Bildfolge die Erscheinung Gottes und die Ankunft der drei Männer vor Abraham dar, daneben Abrahams Gastmahl, die verhinderte Opferung Isaaks und schließlich – im Bild oben – den Erzengel Michael.

Michael wird seit dem 12. Jahrhundert als Drachentöter dargestellt, der mit weit ausholender Armbewegung den Drachen zu seinen Füßen mit der Lanze besiegt. Originell ist bei diesem Teppich die Darstellung des Drachens, der kopfüber gleichsam unten rechts auf dem Bildrand steht.

Die Stifterfiguren im Naumburger Dom

Naumburg – wer denkt da nicht an Uta und Ekkehard, Reglindis und Hermann? Etliche Male abgebildet, als vermeintlich ›deutsche‹ Heldenfiguren mißgedeutet, haben die Originale der lebensgroßen Skulpturen im Naumburger Dom auch nach fast acht Jahrhunderten nichts von ihrer Faszination eingebüßt. Der namentlich nicht bekannte Bildhauer, jener ›Naumburger Meister‹, war ein feinsinniger Beobachter des menschlichen Gemüts.

Da der Naumburger Dom einen Chor im Osten und einen zweiten Chor im Westen hat, besitzt er auch zwei Lettner: der romanische Lettner im Osten (Bild links) trennt den hochgotischen Chorraum vom Langhaus. Ihm gegenüber steht der gotische Westlettner (folgende Seiten). Der Ostlettner gilt als das älteste erhaltene Beispiel eines Krypta-Hallenlettners.

Im Unterschied zur einfachen Chorschranke ist ein Lettner als schmaler Raum, als Bühne, benutzbar. Hier bildet er über einem dreistufigem Sockel eine dreijochige Halle, die sich in einer Dreierarkade zum Mittelschiff öffnet.

Der Chor mit seiner hervorragenden Bauplastik liegt wegen der Krypta (s. S. 99) erhöht und ist über zwei moderne Treppen von den Querhäusern aus zugänglich. Die originellen Handläufe sollen nicht unerwähnt bleiben: Sie hat der Magdeburger Bildhauer Heinrich Apel 1972 und 1984 mit liebevoll ausgearbeiteten Bronzefiguren geschaffen. Die winzigen Figuren zeigen die Prozession der Tiere auf dem Handlauf hinauf zum Heiligen Franziskus sowie den Weg ins Paradies.

Das im gebundenen System konstruierte Langhaus läßt noch die spätromanische Raumvorstellung erkennen. Die Wände sind zweizonig in eine Arkaden- und eine Obergadenzone gegliedert. Die bis dahin vorhandene Barockausstattung wurde bei der Sanierung der Jahre 1874–1878 entfernt.

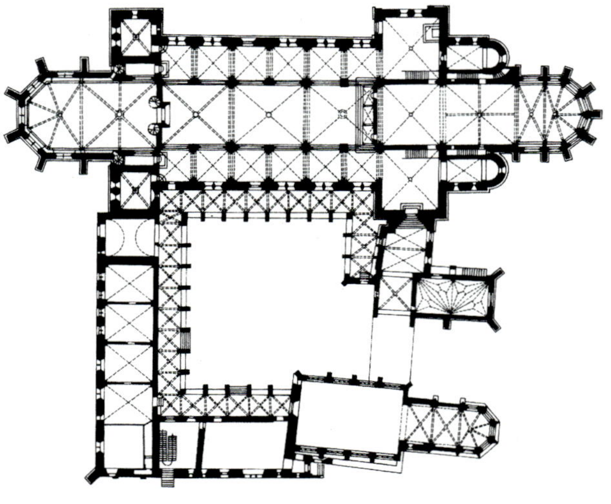

Der Grundriß des heutigen Domes St. Peter und Paul mit dem südlich anschließenden Kreuzgang zeigt, daß am Dom von der Romanik bis zur Gotik gebaut wurde. Die gotische Erweiterung ersetzte sukzessive die romanischen Vorgängerbauten. Langhaus und Querhaus sind noch spätromanisch, der Westchor frühgotisch und der Ostchor hochgotisch. Der heutige Bau wurde vor 1213 begonnen.

Um 1250 entstand der frühgotische Westchor mit dem berühmten Skulpturenprogramm. Der Ostchor wurde um 1330 durch den heutigen Chor ersetzt, doch darunter liegt die Krypta von etwa 1160. (Straße der Romanik Nr. 51)

Der Mann hat genau gewußt, was er tut, möchte man salopp formulieren. Die viel tiefergehende seelische Ergriffenheit jedoch, die jeden Betrachter der Naumburger Skulpturen erfaßt, ist schwer in schriftliche Worte zu fassen, ohne in Schwärmerei abzugleiten. Wohl jeder Betrachter, der vor diesen Kunstwerken steht, möchte hemmungslos schwärmen. Sie gehören zu den großen Meisterwerken, die uns aus dem Mittel alter erhalten blieben. Wer ist nicht gebannt angesichts der lebensnahen Szenen auf dem Westlettner und der Stifterfiguren im Chor des Naumburger Domes?

Skulpturen? Es sind eher Programme, Bühneninszenierungen, aber aus massivem Stein heraus gehauen. Wer auch immer der Unbekannte war, dem man den ›Arbeitstitel‹ Naumburger Meister gegeben hat, er war ein glänzender Beobachter der menschlichen Physiognomie, ein Kenner feiner Gemütsregungen, die sich in Gesichtern ausdrücken, und ein begnadeter Bildhauer zugleich. Man weiß über ihn nicht viel mehr, als daß er die französische gotische Plastik kannte, daß er die damals modernen Bauhütten in Straßburg, Metz, Noyon, Amiens und Reims kannte und daß er in Mainz, Meißen und Naumburg Arbeiten hinterließ.

Sein Westlettner für den Mainzer Dom wurde in der Barockzeit abgebrochen und ist heute nur in wenigen Fragmenten überliefert. Seine Standbilder im Meißener Dom werden in die ›Spätzeit‹ seines künstlerischen Schaffens eingeordnet. Ob er in Naumburg ›nur‹ für das Skulpturen-

Architektur oder Skulptur? Der Westlettner im Naumburger Dom trennt und verbindet zugleich. Er ist kein Lettner im eigentlichen Sinne, sondern dient als Portal zu einem Raum, dem frühgotischen Westchor. Ungewöhnlich ist die Position der Kreuzigungsgruppe, die nicht wie üblich über dem Lettner schwebt, sondern das Portal begleitet und damit auf der Ebene des Betrachters steht. Stilistisch bilden dieser Westlettner, der Chor und die zwölf Stifterfiguren im Chor eine Einheit. Sie sind das Werk des ›Naumburger Meisters‹ und seiner Werkstatt.

Der Vergleich mit der Halberstädter Chorschranke (s. S. 82, wohl um 1200) zeigt, daß der Naumburger Westlettner zwei bis drei Generationen jünger ist. Der Naumburger Meister kannte bereits einen neuen Stil aus Frankreich, der später ›Gotik‹ genannt werden sollte.

programm des Westlettners und der Stifterfiguren verantwortlich war oder den gesamten Westchor einschließlich der Bauplastik geplant hat, ist nicht genau zu sagen, wird ihm aber zugetraut. Dafür mag auch sprechen, daß die Stifterfiguren im Chor nicht nur vor die Dienste der Wandpfeiler gestellt sind, sondern bereits zu deren Konzept gehören. Die Skulpturen wurden zusammen mit den gotischen Diensten aus einem Steinblock heraus gearbeitet. Insofern ›tragen‹ die zwölf Figuren nicht nur symbolisch durch ihre Geldstiftungen den Chor, sondern gehören auch im wörtlichen Sinne zu seinen stützenden Pfeilern.

Der Naumburger Dom ist einer der bedeutendsten mittelalterlichen Kirchenbauten. Er umgibt den Besucher wie eine Oase kontemplativer Ruhe und baulicher Ausgewogenheit. Der fast hundert Meter lange Kircheninnenraum fügt sich trotz seiner langen Bauzeit von der Romanik bis zur Gotik zu einem harmonischen Ganzen. Während der Raum große Ruhe ausstrahlt, sollten seine lebensnahen, ausdruckstarken Skulpturen ganz offensichtlich den Betrachter aufwühlen und ihn in das dargestellte Geschehen mit einbeziehen.

Verwirrende Lebendigkeit

Der Naumburger Meister scheint sich vorgenommen zu haben, niemanden unbehelligt durch die Pforte in den Westchor eintreten zu lassen. Dabei wollen die meisten Besucher heutzutage doch nur die Kunst sehen, wollen zu den berühmten Skulpturen, zu Uta, Ekkehard und den anderen adeligen Stiftern in den Chor eilen. Doch zuvor müssen sie durch die zweiteilige steinerne Pforte des Westlettners gehen und sich (nolens volens) mitten durch das Golgatha-Drama drängen.

Denn der Lettner des Naumburger Meisters bildet eine steinerne Wand, deren Reliefs jedem ungefragt die Leidensgeschichte Christi erzählt. Sie beginnen links mit dem Letzten Abendmahl, zeigen die Auszahlung der dreißig Silberlinge an Judas, die Gefangennahme Christi, die Verleugnung von Petrus und Jesus vor Pontius Pilatus.

Man könnte meinen, die Bildnisse von echten Naumburger Bürgern aus dem 13. Jahrhundert vor sich zu sehen, die alljährlich die Passionsspiele aufgeführt

Die berühmtesten der zwölf Stifterbildnisse im Westchor des Naumburger Domes sind Uta und Ekkehard. Der Meißener Markgraf Ekkehard II. und seine Gemahlin Uta, die Tochter des askanischen Grafen Esiko V. von Ballenstedt, trugen maßgeblich zum Bau des Domes bei. Alle Stifterfiguren stehen deshalb unter Baldachinen, die Architekturmodelle zeigen.

haben. So lebensnah und plastisch sind die unterschiedlichen Stofflichkeiten, wie Kleidung, Tischdecke, Frisuren, Brote und fließendes Wasser aus dem harten Naturstein herausgearbeitet. Auch die Gemütszustände und Charaktere der Beteiligten werden mit faszinierender Lebensnähe beschrieben. Der Naumburger Meister wußte mit bewundernwerter Sicherheit die Unterschiede zwischen Christus, den Menschen aus dem Volk und den adeligen Stiftern abzubilden.

Raffiniert ist seine Komposition, die den Betrachter zwingt, zwischen der trauernden Gottesmutter, dem Freund und dem Gekreuzigten hindurch gehen zu müssen: Dabei kann sich niemand dagegen wehren, die zum Segensgestus ausgebreiteten Arme des gekreuzigten Jesus Christus auf dem Türsturz zu passieren. Wäre dieses Skulpturenprogramm nicht über 750 Jahre alt, sondern neu, spräche man von einem ›Kunst-Event‹, das den Betrachter unwillkürlich mit einbezieht.

Das Vexierspiel mit steinernem Kunstwerk und lebendiger Natur funktioniert nur, weil es mit großer Akribie bis ins Detail hinein verfolgt wurde: Feinstes Laubwerk aus Stein rankt sich an den Kapitellen und Säulchen der Treppen auf der Lettnerrückseite empor. Sollten diese Blätter mit ihren feinen Adern wirklich aus Stein bestehen? Oder sind sie zumindest aus Holz geschnitzt? Farbreste lassen erahnen, wie realistisch das aus Sandstein gehauene Laub einst gewirkt haben muß. Der Betrachter steht zwar ganz offensichtlich in einem Kirchenchor, doch zugleich umgibt ihn der Chor als ein bühnenhaft inszenierter Raum, der die Menschen zu Mitwirkenden werden läßt.

Jede der zwölf Stifterfiguren erscheint als eine individuelle Persönlichkeit, deren Gedankenwelt sich im Augenblick der Darstellung in den Gesichtszügen abzeichnet. Die Naumburger Stifterfiguren wurden hinreichend in der Fachliteratur beschrieben. Besonders die Figur der Uta ist ebenso bekannt wie rätselvoll. Sie erscheint stolz und reserviert, und dabei zugleich scheu und ängstlich. Meisterlich hat der Bildhauer den Augenausdruck von Menschen in Stein eingefangen. Uta scheint die Augen etwas zusammenzukneifen, als ob sie etwas in der Ferne fixiere.

Neben Uta und Ekkehard gehört das Ehepaar Reglindis und Hermann (Foto oben) zu den Hauptstiftern des Domes.

Thimo von Kistericz ist einer von zwölf Stifterfiguren im Westchor des Naumburger Domes. Der Naumburger Meister hat sein Gesicht wie bei einer fotografischen Momentaufnahme aus dem Stein gearbeitet. Thimo bläst die steinernen Wangen auf, während sein Blick nach links in die Ferne gerichtet ist. Dadurch meint der Betrachter, seine Gedanken deuten zu können. Thimo scheint erleichtert über die Vollendung eines vergangenen, aufwendigen Werkes zu staunen.

Die Deutsche Stiftung Denkmalschutz verwaltet zwei Treuhänderische Stiftungen für den Naumburger Dom, eine für die langfristige Erhaltung des Westlettners und eine für die zwölf Stifterfiguren.

Da kann es schon gespenstig anmuten, wie die zwölf lebensgroßen Stifterfiguren, im Halbkreis vor Säulen aufgestellt, den Betrachter im Chor regelrecht erwarten. Dabei bieten sie nur einen matten Abglanz ihrer einstigen Farbigkeit. Spätestens an dieser Stelle begreift auch der aufgeklärte Betrachter des 21. Jahrhunderts, daß Skulpturen niemals nur Materie sein sollten, sondern daß sie nach einer Weile eine Zwiesprache mit dem Besucher beginnen, daß sie zuhören, dableiben und durch ihr mildes Lächeln zu erkennen geben, daß sie verstehen.

Skulpturen sind nicht nur Steine

Viele gläubige Menschen besuchten und besuchen die vertrauten Abbilder der Heiligen im Kirchenraum. Auch ein nichtgläubiger, aber kunstinteressierter Besucher wird nachvollziehen können, daß Bilder helfen können, Gedanken auf einen Punkt zu konzentrieren und durch die innere Sammlung zu einer Klarheit zu kommen. Warum sonst betrachten wir heute Familienfotos oder Portraits?

Jahrhundertelang gebot die Sichtweise auf religiöse Ereignisse und Geschichten eine distanzierte, überzeitliche Darstellungsweise. Es konnte nicht darum gehen, eine Szene ›individuell‹ oder ›lebensnah‹ zu schildern, sondern an das Ereignis zu erinnern und es zu bezeugen. In welcher Umgebung es stattfand oder wie die Personen genau aussahen, war weniger interessant. Der Naumburger Meister hingegen will nicht distanziert erzählen, sondern den Betrachter anrühren, indem er ihm lebendige Persönlichkeiten zeigt, die zweifeln, sinnieren, sprechen, nachdenken, erschrecken und leiden.

Bis zur Reformation gehörten das Holzkreuz mit Jesus Christus, Maria mit dem Jesuskind und unzählige Heiligenfiguren zum gängigen Bilderrepertoire in einer Kirche. Die Reformation versuchte dann an vielen Orten, die Anbetung von Bildern als Kult zu unterbinden, doch die gläubigen Menschen vermißten die Bildnisse ihrer Helfer und entwickelten einfach neue Bildmotive. Statt des Gekreuzigten wurde im 16. Jahrhundert das Letzte Abendmahl zum Bildmotiv, statt eines Heiligen der Reformator Martin Luther.

Doch Jahrhunderte früher schuf der Naumburger Meister um 1250 für den Westchor weder biblische Gestalten noch besondere Heilige – sondern Prominente. Ein Sakrileg? Nein, ein Auftrag. Er sollte zwölf vorbildliche, wohlhabende Persönlichkeiten in Stein abbilden. Adelige, die viele Jahre zuvor Geld für den Dombau gestiftet hatten. Der Westchor bildet gleichsam einen Memorialraum, in dem sich die Betrachter an das vorbildhafte Verhalten der längst verstorbenen Stifter erinnern sollten.

Die Dargestellten waren seit 150 bis 200 Jahren tot. Geschult an der französischen gotischen Skulptur, entwickelte der Naumburger Meister eigenwillige Persönlichkeitsbilder. Damit sie glaubwürdig waren, ›bekleidete‹ er sie mit altertümlichen Gewändern, wie man sie im 11. Jahrhundert getragen hatte.

Man könnte meinen, die steinernen Vorbilder hätten seitdem einen Einfluß auf die Naumburger ausgeübt. Denn die Dom- und Handelsstadt an der Einmündung der Saale in die Unstrut besticht noch heute durch ihre wunderschöne, sensibel sanierte und lebendige Altstadt am Fuße des Domes. Der rechteckige mittelalterliche Marktplatz wird von der Stadtkirche St. Wenzel, dem Rathaus und prächtigen Bürgerhäusern mit Renaissancegiebeln gefaßt. Die verwinkelten Altstadtgassen werden von alten Häusern gesäumt, an denen unzählige bauliche Details, wie alte Haustüren, Schilder, Beschriftungen und der passende Straßenbelag bezeugen, mit wie viel Mühe sich die Bürger um das Stadtbild kümmern. Die Sorgfalt bis ins kleinste Detail scheint das geistige Erbe des Naumburger Meisters zu sein, das die tausend Jahre alte Stadt von grob sanierten Altstädten unterscheidet.

Die Hallenkrypta unter der Vierung und dem Ostchor beeindruckt durch eine harmonische Raumwirkung und elegante Baudetails, die sie trotz unterschiedlicher Bauphasen bewahrte. Denn bereits der ottonische Bau besaß eine Krypta, die teilweise in den um 1160 erweiterten spätromanischen Raum integriert wurde. Dieser wurde abermals um 1210–1220 ausgebaut.

Landsberg

Zwei Kirchen im Huckepack

Überraschend taucht in der flachen Landschaft nordöstlich von Halle ein schwarzer Porphyrfels auf, der von einer Kapelle bekrönt wird. Es handelt sich um eine Doppelkapelle, eine Bauform, die nördlich der Alpen seit der Aachener Pfalzkapelle Karls des Großen bekannt war.

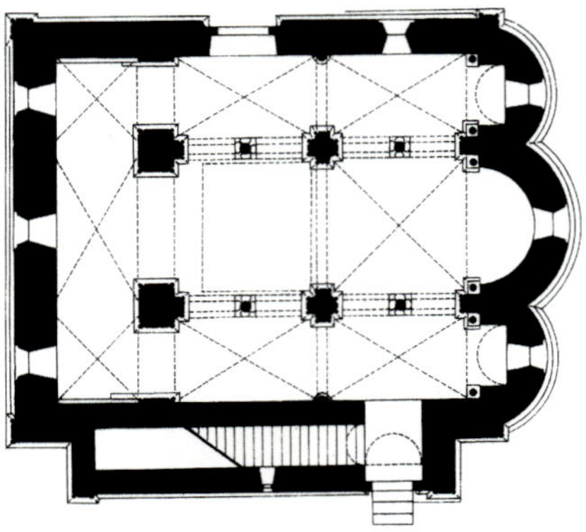

Da kann etwas nicht stimmen: Wozu steht eine so prachtvolle Kapelle hoch oben einsam auf einem schroffen Felsplateau? Weit und breit sind keine Nebengebäude zu sehen. Je nach Jahreszeit ist der Besucher hier oben allein mit seinem Staunen über die hohe Qualität der Architektur und Bauplastik, die zeigt, daß man sich gewiß nicht in der Provinz befindet. Der ›Meister vom Landsberg‹ war offensichtlich weit gereist, er kannte kaiserliche Großbauten. Die grandiose Fernsicht in die flache Landschaft deutet darauf hin, daß dies ein begehrter und deshalb umkämpfter Platz ist.

Das gleichnamige Städtchen zu Füßen des Landsberges wirkt idyllisch und nicht wie der Nabel der Welt. Einige stattliche Gebäude wie das Rathaus oder die ehemalige Poststation (heute Gaststätte) deuten darauf hin, daß Landsberg wirtschaftlich einmal bedeutender war. Überraschend wirkt der freistehende, turmähnliche Baukörper der Kapelle als Krone des Felsens. Im Dehio wird die Doppelkapelle als »Kleinod der spätromanischen Architektur im östlichen Mitteldeutschland« bezeichnet (Dehio 1999, 404).

Was einer stattlichen Kapelle dieser Art auf einem Berg fehlt, zumal wenn sie an einen mittelalterlichen Wohnturm erinnert, ist die zugehörige Burg. Es gab sie, und sie gehörte den Markgrafen von Landsberg, zu deren Familie auch jener Ekkehard II. zählt, der mit seiner Gattin Uta als Stifter im Naumburger Dom verewigt ist.

Obwohl Landsberg 961 erstmals in einer Urkunde Ottos I. genannt wird, entstand die Burg erst im 12. Jahrhundert unter Markgraf Dietrich III. von Wettin.

Der Grundriß der Doppelkapelle von St. Crucis in Landsberg macht deutlich, warum der dreischiffige, kurze Innenraum wie ein Zentralbau wirkt. In der Mitte des Untergeschosses befindet sich die quadratische Öffnung zum Obergeschoß.

Da zwei Kapellen übereinander stehen, müssen alle drei ›Schiffe‹ die gleiche Deckenhöhe haben. Das Foto (oben) zeigt die obere Kapelle, das Foto auf Seite 102 die untere Kapelle mit dem Eingang von Norden. Schlanke Säulen mit reich verzierten Würfelkapitellen und kräftige Pfeiler wechseln sich im einfachen Stützenwechsel ab. Drei Apsiden betonen den östlichen Abschluß, während im Westen ein Quergang verläuft. Im Süden schließt sich ein Treppenrisalit mit einem zweiten Portal an, der durch einen Rundbogenfries (kleines Foto links) abgeschlossen ist. Über diesem Fries begann das ursprüngliche Dach. Das Walmdach wurde erst 1662 aufgesetzt. Die Treppe verbindet den unteren und den oberen Kirchenraum miteinander. Die Burgherren konnten im 12. Jahrhundert über einen Gang vom Palas an der Nordseite direkt in die obere Kapelle gelangen.
(Straße der Romanik Nr. 56)

Doch schon hundert Jahre später wurde die Burg mit dem Untergang des Stauferreiches wieder bedeutungslos. Nach 1291 kaum noch genutzt, 1514 zerstört, verfiel sie. Einzig die Doppelkapelle aus staufischer Zeit überdauerte die Zeiten.

Bei der günstigen Topografie wäre es verwunderlich, wenn nicht viel früher Menschen die natürliche Wehrfunktion des Felsens zu nutzen gewußt hätten. Grabungen konnten frühe Besiedlungsspuren und eine befestigte slawische Burg nachweisen, die zeigt, daß die Kulturgeschichte in Sachsen lange vor der Christianisierung beginnt. Auf der slawischen Burg errichtete Konrad von Wettin 1136 eine Augustinerabtei mit einer basilikalen Klosterkirche. In und auf diesen Kloster- und Kirchenmauern entstand wenig später die Burg mit der Doppelkapelle.

Landsberg ist eine von etwa 30 Doppelkapellen, die seit der Aachener Marienkirche Karls des Großen bekannt sind. Man findet sie beispielsweise auch in Goslar oder auf der Neuenburg bei Freyburg. Das Besondere an der Landsberger Doppelkapelle ist ihr drittes Geschoß. Diese Wohnebene diente bei Gefahr als Zuflucht und erklärt das wehrhafte Erscheinungsbild des Gebäudes. Bei der Restaurierung der Jahre 1857–1861 nahm man an, daß das dritte Geschoß nicht zur ursprünglichen Planung (wohl um 1170) gehörte, sondern erst in der Spätgotik hinzugefügt wurde. Deshalb rekonstruierte man es fälschlicherweise in spätgotischen Formen: Die Schießscharten, Pechnasen und der Aborterker verschwanden. Dennoch zeigt Landsberg, daß mittelalterliche Kirchen für die Menschen immer auch Zufluchtsorte waren.

Das linke Foto zeigt die heutige Eingangssituation vom Mittelschiff aus gesehen mit dem Zugang von Norden. Säulen und Pfeiler mit vorgelegten Halbsäulen wechseln sich ab (s. Grundriß S. 101).

Der reiche Bauschmuck an den Würfelkapitellen der Doppelkapelle verweist auf die Benediktinerklöster in Ilsenburg bei Wernigerode und Königslutter (Niedersachsen). Auch die kaiserlichen Anlagen in Nürnberg und Hagenau (Elsaß) können für Landsberg als bekannt vorausgesetzt werden.

Die gedrungenen Würfelkapitelle der Landsberger Kapelle sind mit verschlungenen Palmettenmotiven geschmückt. Das obere Bildbeispiel zeigt ein Kapitell im Eingangsgeschoß, bei dem die Würfelform als Grund für Figuren, Adler und Palmetten dient.

Dorfkirchen

Schicksalsplatz und Zufluchtsort

Romanische Kunst ist meist aristokratische Kunst. Für Dome, Stifts- und Klosterkirchen wurden die besten Baumeister, Maler und Handwerker aus den Kunstzentren Europas verpflichtet. Im Schatten der Großbaustellen entstanden aber auch Hunderte kleine Dorfkirchen, die das Land überziehen. Manche profitierten von weitgereisten Fachleuten.

Das Foto auf der vorhergehenden Doppelseite (S. 104/105) zeigt die Bautengruppe zu Hohenthurm (Saalkreis). Burg und Kirche sind durch eine Brücke verbunden. Der hohe runde Bergfried gab der Anlage inmitten des Ortes den Namen.

Das obere Foto zeigt die Dorfkirche St. Thomas in Pretzien, die im späten 12. Jahrhundert als vierstaffeliger Saalbau errichtet wurde. Was das Foto nicht zeigt, weil Fotografieren im Innenraum zu Recht unerwünscht ist, sind die einzigartigen Wandmalereien aus der Zeit um 1220. Die Skulpturenrestauratorin Maria Meussling aus Plötzky entdeckte sie 1973 unter der weißen Tünche und legte sie großflächig frei. Die Motive und die Bestandteile der Farben zeigen, daß der Maler aus dem byzantinischen Raum kam. Schließlich arbeiteten um diese Zeit auch am Magdeburger Dom Maler aus dem byzantinischen Ostreich.
(Straße der Romanik Nr. 24)

Sie wirken so friedlich und anrührend. Sie haben Jahrhunderte überdauert, plündernde Soldatenheere überlebt und standen immer wieder als stumme Zeugen bei unzähligen menschlichen Schicksalen dabei. Wer durch die Landschaft der Altmark fährt, findet in nahezu jedem Dorf eine Kirche. Oft sind sie von einem Friedhof umgeben, mit einer Mauer eingefriedet und werden von den guten Seelen des Ortes meist ehrenamtlich gefegt, belüftet und mit Blumen geschmückt.

Es gibt Hunderte von ihnen, und ihre Namen sind oft nur regional bekannt. Inzwischen sind einige zu Geheimtips aufgestiegen und werden von Romanik-Freunden mündlich weitergegeben, nach dem Motto ›Warst Du schon in Pretzien? Da gibt es byzantinisch beeinflußte Fresken – wunderschön!‹. Selten schreiben Fachleute den Dorfkirchen eine besondere ›kunsthistorische‹ Bedeutung zu. Sie scheinen sich eben alle ähnlich zu sehen. Aber nur äußerlich, auf den ersten Blick.

Da sie noch immer im Schatten der ›großen‹, der aristokratischen Kunst der bekannten Stifts- und Klosterkirchen stehen, liest man in Kunstführern nur dann das gnadenlos kalte Urteil ›besonders qualitätvoll‹, wenn sie eine wertvolle Barockausstattung oder die Gruft eines überregional bekannten Adeligen beherbergen. So trifft man gelegentlich Besucher in Dorfkirchen, die Havelberg oder Jerichow auf dem Programm hatten und noch ein bißchen Zeit übrig haben. Dorfkirchen haben das Pech, so anrührend und schlicht in ihrer Formensprache zu scheinen, daß sie sich, wie der Zwerg bei Hofe, dazu hergeben, die wahre Schönheit und Pracht der anderen zu steigern.

Die vorgefertigte Meinung versperrt die Sicht auf ihr eigenwilliges Wesen, das eindringlicher als ein reicher Großbau über die Menschen zu berichten weiß, die die Kirche unter Mühe bauten. Zugleich verhindert diese Sichtweise, daß man in Dorfkirchen ›hohe‹ Kunst erwartet. Es gibt sie aber, weil die Bauherren beste Kontakte pflegten. Um die mobile Kunst in den Dorfkirchen zu schützen, werden sie an dieser Stelle nicht näher bezeichnet und die Kunstwerke nicht abgebildet.

Nicht nur das Gebäude bedarf des Schutzes und der Pflege. Was oft verges-

Die backsteinerne Pfarrkirche St. Nikolai in Sandau, südlich von Havelberg, wurde um 1200 nach dem Vorbild der nahegelegenen Jerichower Klosterkirche (s. S. 61–63) errichtet. Charakteristisch ist die Staffelung von Langhaus, Chor und Apsis.
Die auffallend große Kirche war Zeuge vieler Kämpfe. Die letzte Schlacht wurde am Ende des Zweiten Weltkrieges geschlagen und vernichtete den Ort an der Elbe nahezu völlig. Freiflächen, neue Häuser und die Ruine der Westturmfront erinnern an dieses Schicksal.

Wegen der Lage in der Flußniederung der Elbe südlich des Bistums Havelberg war Sandau schon tausend Jahre zuvor, in den Kämpfen der Sachsen gegen die Slawen, hart umkämpft. Im 13. Jahrhundert nutzten die brandenburgischen Markgrafen die Lage für ihre Residenz. Im 14. Jahrhundert bauten die Havelberger Bischöfe Sandau zur Festung aus. 1793 wurde Sandau preußische Bastion – was blieb, ist die Kirche. (Straße der Romanik Nr. 14)

An vielen romanischen Kirchen, wie hier in Sandau, findet man die aus Backsteinen geschickt gemauerten Friese, wie den Kreuzbogenfries oder das ›Deutsche Band‹. Diese Schmuckformen schließen die Mauer optisch unter dem Dachansatz ab. Die Kenntnis darüber kam wie das Material über die Orden, Kaufleute und Kreuzfahrer aus dem Süden.

Die kleine Dorfkirche St. Paul in Seehausen (Börde) erhebt sich auf einem Hügel außerhalb der Stadtmauer. Charakteristisch für die Dorfkirchen der Altmark ist ihr Aufbau aus gestaffelten Baukörpern: einem wehrhaften Westturm, dem einschiffigen Langhaus, dem Rechteckchor und der Apsis. Im Unterschied zu vielen Dorfkirchen der Umgebung wurde sie nicht aus Backstein, sondern aus Bruchstein gemauert.

Obwohl die Dorfkirche Anfang der 1990er Jahre saniert wurde, zeigten aufsteigende Feuchtigkeit und Putzschäden, daß die Fundamente vor über zehn Jahren nicht richtig trockengelegt worden waren. Durch eine Spende von 20.000 Mark an die Deutsche Stiftung Denkmalschutz wurde 2001 mit der Sanierung begonnen. (Straße der Romanik Nr. 25)

sen wird, sind Wandmalereien und vor allem die Ausstattungsstücke. Sie sind gefährdet, weil man sie leicht wegtragen kann und sie oft aus wertvollen Materialien bestehen. Das letzte Glied in der Kette empfindlicher Kunstwerke bilden die textilen Ausstattungsstücke, jene von den Frauen des Dorfes, den Nonnen und Adeligen, genähten und bestickten Altardecken, Wandteppiche und liturgischen Gewänder. Viele Dorfkirchen hüten großartige textile Kunst, denen der Begriff ›Kunsthandwerk‹ nicht gerecht wird.

Kontinuierlich versuchen die Kunstgutbeauftragten der Landeskirchen gemeinsam mit den Denkmalpflegern, auf die besondere Gefahr und den hohen Quellenwert der liturgischen Gegenstände in Dorfkirchen aufmerksam zu machen. Denn was sich aus dem Mittelalter an Goldschmiedearbeiten erhalten hat, stammt zu 95 Prozent aus Kirchen und Klöstern. Man schätzt, daß in Sachsen-Anhalt mindestens 70 Prozent der erhaltenen Kunstwerke in den Kirchen und nicht in den Museen aufbewahrt werden. Da die schrumpfenden Gemeinden mit diesem Schatz überfordert sind, brauchen sie Hilfe.

Inzwischen gibt es Vereine zur Rettung von Dorfkirchen, die zu Spenden und Stiftungen aufrufen. Unterstützung erhalten sie durch die Deutsche Stiftung Denkmalschutz durch Spenden und Stiftungen. Auch die 1999 in Magdeburg gegründete ›Kirchliche Stiftung Kunst- und Kulturgut in der Kirchenprovinz Sachsen‹ hat sich der Rettung und Restaurierung von Kunstgegenständen verschrieben.

Die evangelischen Kirchengemeinden haben nach der Reformation vieles gerettet und bis heute gepflegt. Angesichts dieser Werte ist es verständlich, daß Dorfkirchen nicht ganztägig mit blindem Vertrauen geöffnet sein können. Wer aber eine verschlossene Kirche besichtigen möchte, wird überall einen hilfsbereiten Menschen antreffen, der den Kirchenschlüssel verwahrt und die Besucher in Begleitung einläßt. Denn nur so können die Kunstwerke in ihrem ursprünglichen Sinnzusammenhang gezeigt werden.

Die Kirche im Dorf lassen

Bis heute ist kein Dorf in der Königslandschaft Sachsen ohne Kirche denkbar. Wer die ›Kirche nicht im Dorf läßt‹, hat etwas nicht verstanden. Die Redewendung verweist darauf, daß die kleinen Gebäude jahrhundertelang das soziale und religiöse Zentrum der Gemeinschaft bildeten. Zugleich spiegelt sie die allgegenwärtige Durchdringung des Landes mit der christlichen Religion.

Dorfkirchen begleiteten die Menschen bei allen wichtigen Lebensabschnitten, bezeugten Taufen, Trauungen und Beerdigungen. Sie gaben den Rhythmus des Jahres vor und wurden zu den kirchlichen Festtagen in unterschiedlichen Farben, mit Stoffen und Blumen ausgeschmückt. Weihnachten, Ostern und Pfingsten sind einige der Feste, die in der Kirche ihren Ursprung haben und heute oft als arbeitsfreie Tage mit der Hektik des Alltages verschwimmen.

Als das Leben noch auf dem Lande stattfand, die Bauern morgens aufs Feld zogen und niemand Uhren brauchte, gaben die Kirchenglocken den Tagesrhythmus vor. Sie läuteten zu den Pausen und warnten bei Feuer, Sturm und Überfällen.

Rechte Seite: Die Dorfkirche in Wiepke (Altmark) am Fuße der Hellberge wurde gegen Ende des 12. Jahrhunderts auf einer leichten Anhöhe aus Feldsteinen errichtet, die die Bauern gesammelt hatten. Sie besitzt keine Apsis, sondern schließt mit einem rechteckigen Chor ab. Der fast privat anmutende Innenraum (kleines Foto oben) wird von den Dorfbewohnern liebevoll gepflegt und regelmäßig genutzt. (Straße der Romanik Nr. 7)

Da die Kirche immer in Sichtweite lag, genügte es, wenn die Glocken eine viertel Stunde vor dem Gottesdienst mahnten, daß es Zeit ist, loszugehen.

Doch Dorfkirchen sind nicht nur idyllische Orte. Gerade weil sie so eng mit dem bäuerlichen Alltag und dem entbehrungsreichen, von der Natur abhängigen Leben verbunden sind, erzählen sie auch von den Schattenseiten des Lebens. Körperliche Feldarbeit ist kräftezehrend und verheißt selten Wohlstand. Bei schlechter Ernte ist Hunger unabwendbar.

Die Landbevölkerung hatte unter den Machtkämpfen der Herrschaft ganz unmittelbar zu leiden. Besonders an der Elbe als Grenzfluß wurden die Menschen immer wieder in die Grausamkeiten der Kriege hineingezogen. Wen wundert es da, daß die Dorfkirchen in der Altmark so wehrhaft aussehen und ihre kräftigen, mauerhaften Westtürme schon von weitem in der Landschaft sichtbar sind?

Dorfkirchen seit dem 12. Jahrhundert

Allein die Datierung der ältesten erhaltenen Dorfkirchen sollte stutzig machen: man findet kaum eine Kirche im nördlichen Sachsen-Anhalt, in der Altmark, vor dem 12. Jahrhundert. Nicht, daß das kein Alter ist! Selten gibt es in einer Region so viele über 800 Jahre alte Kirchen. Aber die Ottonen schufen schon im südlichen Sachsen-Anhalt seit dem 10. Jahrhundert Großbauten. Im Harz, in der Magdeburger Börde und an der Saale gründeten sie zahlreiche Stifte und Klöster, deren Nachfolgebauten in Magdeburg, Merseburg, Naumburg, Memleben, Gernrode, Qued-

linburg und Halberstadt erhalten sind (dazu s. auch Karte S. 7).

Die Bauten selbst geben die Antwort: Mit der Zerstörung der frühen ottonischen Bistümer Havelberg und Brandenburg im Slawenaufstand des Jahres 983 wurde die sächsische Herrschaft östlich der Elbe faktisch beendet. Die Altmark, die ehemalige Nordmark, war seither wieder slawisch, und somit konnten nach 983 keine christlichen, romanischen Bauwerke mehr entstehen. Das Erzbistum Magdeburg wurde nur mit Mühe verteidigt. Nördlich davon lebte in der Altmark für über 150 Jahre wieder die slawische Bevölkerung.

Erst 1134 wurde Herzog Albrecht der Bär mit der Nordmark belehnt, um sie den Slawen wieder zu entreißen, und erst 1147 wagten die Sachsen mit einem großen Heer im sogenannten Wendenkreuzzug die kriegerische Rückeroberung

Bei der Dorfkirche in Redekin (Foto oben von Südost) hat sich auch im Innenraum der ursprüngliche, romanische Raumeindruck nahezu vollständig erhalten. Diese Kirche aus dem späten 12. Jahrhundert erinnert an ihr bauliches Vorbild, die Prämonstratenser-Klosterkirche im nahegelegenen Jerichow (s. S. 61–63). Obwohl das Kloster Jerichow nach der Phase des Aufbaus bald seine politische Bedeutung verlor, prägte seine Architektur noch lange die Dorfkirchen der Region. (Straße der Romanik Nr. 19)

der slawischen Gebiete östlich der Elbe (s. Havelberg, S. 58–61).

Freilich erkannten schon kritische Zeitgenossen in diesem Aufgebot von Kriegern weniger die Missionierungsabsicht als die Eroberung des Landes. Beim Kreuzzug gegen den gemeinsamen Feind waren sich die weltlichen und geistlichen Herrscher einig. Anführer der Heerzüge waren die mächtigen Herzöge der Zeit, Albrecht der Bär, Heinrich der Löwe, Markgraf Konrad von Meißen, Adolf II. von Holstein sowie Bischof Anselm von Havelberg, Erzbischof Friedrich I. (von Wettin) von Magdeburg, Erzbischof Hartwig I. von Bremen, der Abt von Corvey, viele ungenannte Mönche und zwangsverpflichtete Bauern. 1170 kommt der Pfarrer Helmold aus Bosau in seiner Slawenchronik zu dem traurigen Schluß, daß ›auf allen Feldzügen keine Rede vom Christentum, sondern vom Gelde‹ war.

Helmold berichtet in seiner Chronik von der Vertreibung und Flucht der slawischen Bauern Richtung Osten. Um das nunmehr entvölkerte Gebiet der Altmark wieder zu besiedeln, ließ Albrecht der Bär Siedler aus Holland und Flandern holen. Die Holländer waren in der Kultivierung von sumpfigem Gelände erfahren und wurden in den verlassenen Dörfern der Slawen angesiedelt. Die alten slawischen Siedlungen waren als Rundlinge angelegt. Erst mit der Einwanderung der Holländer und Flamen kamen um die Mitte des 12. Jahrhunderts deren Siedlungsformen hinzu. Seitdem gibt es neben den Rundlingen hier auch Waldhufen- und Straßendörfer, bei denen die Wohnhäuser nebeneinander aufgereiht sind.

Storchennester mit brütenden Störchen, wie hier neben der Dorfkirche in Wust, sind im Frühjahr in der Altmark keine Seltenheit.
(Straße der Romanik Nr. 16)

Hilfe für Dorfkirchen in Sachsen-Anhalt durch die Deutsche Stiftung Denkmalschutz

Neben der finanziellen Hilfe für zahlreiche Dorfkirchen
in allen Bundesländern bietet die Deutsche Stiftung Denkmalschutz
privaten Förderern die Möglichkeit,
in ihrem Namen für ein einzelnes Gebäude wie eine kleine Dorfkirche
eine Treuhänderische Stiftung zu errichten.
Damit können Privatpersonen ganz konkret zur Erhaltung
eines ihnen besondes am Herzen liegenden Kulturdenkmals beitragen.
Denn um den Zeugnissen unseres kulturellen Erbes,
vor allem den notleidenden kirchlichen Baudenkmalen
in den östlichen Bundesländern, eine dauerhafte Pflege angedeihen zu lassen,
bedarf es zunehmend der Initiative der Bürgerinnen und Bürger.
Von diesem Engagement legen auch die Treuhänderischen Stiftungen Zeugnis ab,
die für verschiedene Kirchen in Sachsen-Anhalt
eine ›Pflegeversicherung‹ übernommen haben.
Nicht nur Stadtkirchen und Zeugnisse klösterlicher Kultur,
sondern auch ein Gotteshaus wie die romanische Dorfkirche in Wust (s. Foto S. 112)
erhalten die tatkräftige Unterstützung einer Stiftung
in der Treuhandschaft der Deutschen Stiftung Denkmalschutz.

Darüber hinaus richtete die Stiftung im Herbst 1993
einen Dorfkirchenfonds ein,
für den inzwischen über 400 Personen ein Gesamtvolumen von
über 1,5 Millionen Mark zur Verfügung gestellt haben.

Nähere Informationen über die Errichtung eine Treuhänderischen Stiftung
erhalten Sie bei der Deutschen Stiftung Denkmalschutz:
Dr. Kay Krüger und Dr. Andrea-Martina Reichel
Koblenzer Straße 75, 53177 Bonn
Tel. 0228/3 68 85–982 und –983

Die Dorfkirche in Wust entstand um 1200, wurde aber im Dreißigjährigen Krieg stark beschädigt und von den Grafen von Katte barock umgebaut. Das Innere wirkt seitdem als heiterer, einheitlicher Barockraum. Bekannt ist die Dorfkirche weniger als romanisches Zeugnis denn als Ruhestätte des Hans Hermann von Katte, den der preußische König Friedrich Wilhelm I. 1730 vor den Augen seines Sohnes, des späteren Friedrich II., hinrichten ließ. (Straße der Romanik Nr. 16)

Diejenigen Slawen, die in der Altmark blieben, verloren allmählich ihre kulturelle und religiöse Identität und verschmolzen mit der christlichen Bevölkerung, so wie sich früher die Römer mit den Germanen und die Franken mit den Sachsen vermischt hatten. Die Ortsnamen sind es, die heute noch auf die unterschiedlichen Stämme verweisen. Jedes Dorf brauchte nach der Rückeroberung der Christen im 12. Jahrhundert eine Kirche. Das slawische Wort für Kirche heißt bezeichnenderweise ›Kostel‹, abgeleitet von Kastell.

Je weiter man in Sachsen-Anhalt nach Norden reist, desto häufiger bestehen die Kirchen nicht mehr aus den eiszeitlichen Findlingen, sondern aus Backstein. Lediglich die Sockel wurden noch aus Feldsteinen gemauert. Die Kirchengebäude sehen aus wie ihre großen Schwestern, die Klosterkirchen. Deren Bauform übersetzen die Dorfkirchen in kleineren Maßstab und übernehmen die Schmuckformen. An den kräftigen, wehrhaften Westbau schließt sich ein Saal an. Ihm folgt ein niedrigerer Rechteckchor, der oft in einer Apsis en-

Wenn man sie einmal entdeckt hat, scheinen sie einen an fast jeder Kirche zu verfolgen: die ›Schleifrillen‹ und ›Schleifnäpfchen‹ genannten Vertiefungen an den Mauern der Kirche, die auch Gottfried Kiesow in dem Magazin MONUMENTE thematisierte. Tatsache ist, daß niemand eine schlüssige Erklärung für diese Schleifspuren aus dem Mittelalter zu geben vermag. Nur soviel zum Befund: Sie befinden sich in menschlicher Arbeitshöhe, nie höher. Wenn sie am Mauerwerk auftauchen, dann immer in großen Mengen. Gerne sind sie in Portalnähe, aber nicht immer. Sie kommen bei Hausteinkirchen ebenso vor wie bei Backsteinbauten. In der Altmark finden sie sich an fast jeder Dorfkirche.

det, so daß die Silhouette der Kirche eine Treppenform ergibt. Bei den Kirchen im Jerichower Land, wie Redekin, Melkow, Wust und vielen anderen, ist das Vorbild eindeutig: die Prämonstratenser-Klosterkirche zu Jerichow, die unmittelbar nach dem Wendenkreuzzug 1148 begonnen wurde (s. S. 61–63). Ohne Klöster, insbesondere ohne die Orden der Prämonstratenser und Zisterzienser, ist die Christianisierung und damit die Erschließung des Landes nicht vorstellbar.

Dorfkirchen übernehmen nicht nur die Form und das Baumaterial Backstein, sondern kopieren auch die Techniken für Bauornamente. Immer wieder findet man den beliebten, ebenso einfach herzustellenden wie wirkungsvollen Kreuzbogenfries und den Zahnfries, auch ›Deutsches Band‹ genannt. Allein die Kombination aus geraden und über Eck vermauerten Backsteinen erlaubt ein Muster aus einfachen Formsteinen. Ein weißer Anstrich unter den Rundbögen sorgt dafür, daß sich der Fries als Schmuckornament optisch gut vom Grund abhebt.

Details wie der Kreuzbogenfries zeigen, wie sich Bauformen durch Kreuzritter und Mönche in wenigen Jahrzehnten in Europa verbreiteten. Die Beziehungen waren gewiß enger, als wir es uns vorstellen wollen. Schließlich waren die Adelsfamilien durch ganz Europa miteinander verwandt, pflegten Handelsverbindungen nach Spanien, Venedig und in den Orient, dessen Kultur sie nicht zuletzt durch die Kreuzzüge inhalierten.

Gottfried Kiesow hat exemplarisch für den Kreuzbogenfries gezeigt, wie diese im Arabischen beheimatete Schmuckform in die Königslandschaft Sachsen gelangte. Vielleicht wurde der Kreuzbogenfries hier mit der Klosterkirche zu Jerichow 1148 erstmals eingeführt.

Ein tiefes Sendungsbewußtsein trieb die Menschen im 12. Jahrhundert zu Eroberungszügen – und die materiell Denkenden wußten die religiöse Absicht für ihre Bereicherung zu nutzen. Wie immer wir das heute moralisch sehen mögen, es bleiben unsere eigenen Wurzeln. Unsere Dorfkirchen bedürfen besonderer Pflege.

Südlich von Wust liegt die Kirche zu Melkow, die im Unterschied zu ersterer als romanischer Bau in den typischen Formen des 12. Jahrhundert erhalten geblieben ist. (Straße der Romanik Nr. 17)

Burgen

Statussymbole im Grenzland

Seit dem ersten Sachsenkönig Heinrich I. wurde die Grenze an Elbe, Saale und Unstrut systematisch mit Burgen befestigt. Manche existieren nicht mehr, andere bestehen als Ruinen fort, und viele wurden in späteren Jahrhunderten aufwendig erweitert und ausgebaut.

Das Foto auf der Eingangsseite (S. 114/115) zeigt die Burg Querfurt mit der Burgkapelle. Rechts im Hintergrund steht der runde Bergfried, der ›Dicker Heinrich‹ genannt wird. (Straße der Romanik Nr. 46)

Das obere Foto zeigt die Burgruine Saaleck bei Bad Kösen, die als Sperrburg des verengten Saaletales erstmals 1140 erwähnt wurde. Gleich neben ihr liegt die Rudelsburg (s. S. 119). (Straße der Romanik Nr. 49)

Zugegeben, ein verschneiter Winter gilt nicht als die komfortabelste Reisezeit, vor allem nicht für zugige Burgen hoch über Flußtälern. Wer aber einmal die Burgen Sachsen-Anhalts im Schnee und menschenleer erlebt hat, findet einen neuen Zugang zu ihrem trutzigen, wehrhaften Charakter. Wenngleich viele Anlagen im Laufe der Jahrhunderte zerstört wurden, gibt es in der lieblichen Weingegend zwischen Unstrut und Saale die schönsten und weitläufigsten Burgen.

Im Winter fehlen die heitere Idylle, das Grün der Bäume, der blaue Himmel und die Wärme, die Burgen für unser Auge so romantisch und gesellig erscheinen lassen. Statt Minnesang und Burgfräuleins tauchen Vorstellungen vom Arbeitsalltag auf. Wer im Sommer kein Holz gehackt hat, friert im Winter. Wer keine Vorräte angelegt hat, hungert, und wer keinen Brunnen in den Felsen gegraben hat, muß das Wasser mühsam den Berg hinauf schleppen. Die Kälte präpariert gleichsam die Kargheit und Härte des Lebens auf der Burg heraus. Ritterturniere, Dichterfeste und Artusromane hinterließen Idealbilder. Sie beschreiben nicht den Alltag. Denn Burgen entstanden als militärische Stützpunkte, von denen aus das Land und die Handelsstraßen kontrolliert wurden.

Burgen wurden nicht ständig belagert oder umkämpft. Ihre mächtigen Mauern und der hohe Bergfried sollten eher abschrecken, einschüchtern und Präsenz zeigen – gefährdeter war man unterwegs. Für Burgen gab man ein Vermögen aus. Entsprechend sorgfältig wurden sie geplant, bevor man begann, Steine zu brechen, Quader zu hauen und aufzuschichten. Ihre Baumeister sind namenlos.

Die Querfurter Burgkapelle wurde im späten 12. Jahrhundert im Gedenken an den Heiligen Brun von Querfurt errichtet, der 1009 als Märtyrer starb. Im späten 14. Jahrhundert wurde im Norden der romanischen Kirche die gotische Grabkapelle für den 1383 verstorbenen Gebhard XIV. von Querfurt angebaut, dessen Grabmal hier steht.

Ohne Kampf keine Burg

Burgen wurden in dem Moment nötig, in dem man sich zu bekämpfen gedachte und das Land anderer begehrte. Die slawische Bevölkerung in der späteren Königslandschaft Sachsen kannte zunächst keine Burgen. Die Slawen lebten in offenen, unbefestigten Siedlungen. Sie wohnten in kleinen Grubenhäusern, die in loser An-

Das Foto links zeigt den Blick in die Vierung und den Chor der Querfurter Burgkapelle. Der achteckige Vierungsturm und die Apsis sind im romanischen Außenbau S. 114/115 ablesbar, obwohl das Innere der Kapelle im 18. Jahrhundert barockisiert wurde.

Das Museum in der Burg Querfurt informiert ausführlich über die wechselvolle Geschichte der Stadt und der Burg. Eine eigene Ausstellung ist dem Leben des Heiligen Brun von Querfurt gewidmet. (Straße der Romanik Nr. 46)

Das Foto zeigt die spätromanische Höhenburg Falkenstein im Harz von Südosten. Sie erhebt sich hoch über der Selke und wurde als Schutzburg unter Heinrich IV. gebaut. Ihre Struktur ist trotz des Umbaus zum Renaissance-Wohnschloß noch erkennbar. Die Kernburg war geschützt durch eine Ringmauer und drei Halsgräben. Der Bergfried (verputzt und erhöht) war mit der hohen Schildmauer verbunden. Die Burgkapelle entstand nach 1220 in gotischer Formensprache. Berühmt ist die Burg auch, weil Eike von Repgow hier um 1230 sein Rechtsbuch ›Der Sachsenspiegel‹ aus dem Lateinischen in die Volkssprache übersetzte. (Straße der Romanik Nr. 39)

ordnung gruppiert waren. (Kempe in: Europas Mitte 270 ff.). In den dünn besiedelten Gebieten gab es genug Platz für alle, und zwischen den Sippen lagen etliche Kilometer Landschaft mit ausgedehnten Wäldern. Erst für das 8. Jahrhundert sind Burgwälle in den slawischen Siedlungsgebieten archäologisch nachweisbar. Mit den fränkischen Feldzügen erlebt die Burgenbautechnik seit dem 9. Jahrhundert in Europa, besonders im östlichen Slawenland, einen entscheidenden Impuls.

Die romanisierten Franken waren den Slawen militärisch überlegen, denn sie kannten seit Jahrhunderten die hervorragende römische Militärtechnik, die straffe Organisation des Heeres, die Ausstattung der Soldaten mit Waffen und Schilden.

Heinrichs I. ›Burgenordnung‹

Auch bestanden noch römische Stadtmauern und Wälle wie der Limes, ein Meisterwerk der Befestigung über Hunderte Kilometer hinweg. Doch die Slawenfürsten lernten schnell und organisierten sich gut, so daß sie die Gebiete östlich der Elbe 983 von den Sachsen zurückerobern konnten. Vor dem Jahr 1000 sind im östlichen Deutschland mehr als 300 Burgen nachgewiesen, allerdings nur archäologisch. Denn die frühen Anlagen bestanden nicht aus Stein, sondern aus Holz und Erde. Sie wurden durch ein System von Wällen geschützt (s. S. 16 ff. Pfalzen).

Heinrich I. erkannte angesichts der Ungarneinfälle, daß er die Ostgrenze sei-

nes immer größer werdenden Reiches nur sichern konnte, wenn er systematisch Burgen anlegte und sie dauerhaft besetzte. Jeder zehnte Mann wurde zum Militärdienst verpflichtet. Auch die eroberten slawischen Anlagen, wie die Brandenburg und die Burg Meißen, wurden im 10. Jahrhundert ausgebaut. Heinrichs ›Burgenordnung‹ von 926 war die erste militärische Absicherung der Reichsgrenze. Strategisch klug geplant, vereinbarte er mit den Ungarn einen neunjährigen Waffenstillstand und nutzte die Zeit zur Aufrüstung gegen sie.

Nicht zufällig wurde die Belehnung mit Land in ottonischer Zeit, im 10. Jahrhundert, erblich. Das Reich wuchs und seine Grenzen mußten ständig kontrolliert werden. Entsprechend mobil war der König, der durch ständiges Umherreisen von Pfalz zu Pfalz Präsenz zeigen mußte. Heinrichs Sohn Otto I. installierte zur Sicherung der Ostgrenze nicht nur Bistümer, sondern auch ›Grenzmarken‹. Diese heiklen Positionen besetzte er mit Männern seines Vertrauens, die kriegserfahren waren und den Titel Markgraf trugen.

Von diesen Burgen ist nur wenig bekannt, denn die Zeit jener steinernen Befestigungen, die man mit dem Begriff ›Burg‹ verbindet, begann später. Erst im 12./13. Jahrhundert, der Zeit der Kreuzzüge, entstehen steinerne Burgen und der Stand des Ritters, des Soldaten zu Pferde.

Burg Querfurt

Eine der beeindruckendsten und größten Befestigungsanlagen, die aus einer fränkischen Gründung hervorging, ist die Burg Querfurt. Sie wurde im Barock zur Festung ausgebaut und beherrscht das Stadtbild von Querfurt. Die Stadt verdankt ihren Namen und ihre Entstehung einer Furt durch die Querne, an der sich Fernhandelsstraßen gabelten. Bereits die Karolinger kontrollierten von der Höhe des Muschelkalkfelsens aus seit etwa 780 das

Das obere Foto zeigt die Rudelsburg bei Bad Kösen, die sich neben der Ruine der Burg Saaleck hoch über der Saale erhebt und einen grandiosen Ausblick bietet. Mit Restaurant, einem Festsaal aus dem 19. Jahrhundert und Standesamt ist die Rudelsburg ein beliebtes Ziel.
(Straße der Romanik Nr. 49)

Land, und die Herren von Querfurt errichteten dort im 10. Jahrhundert eine Talrandburg als Familienstammsitz. Inmitten der ausgedehnten Wohnbauten mit ihren drei Bergfrieden steht die Burgkirche. Sie entstand anstelle eines Vorgängerbaus zu Ehren des wohl berühmtesten Querfurter Burgherren, des gebildeten Brun von Querfurt, im späten 12. Jahrhundert (s. Eingangsfoto und S. 117).

Brun von Querfurt ist einer der herausragenden Politiker und Bischöfe des 10./11. Jahrhunderts und ein Verwandter des Chronisten Thietmar von Merseburg (s. S. 50–55), der mit Bewunderung über Bruns Bildung, seine Bischofsweihe und seinen Märtyrertod am 9. März 1009 berichtet (Chron. VI, 94–95).

Beide Bischöfe kritisierten in ihren Schriften die Italienpolitik des jungen Königs Otto III., der das Reich von Rom statt von den sächsischen Kernlanden aus regierte. Immer kreiste die Kritik um das Verhältnis zwischen geistlicher und weltlicher Macht, zwischen Papst und König. Thietmar und Brun monierten, daß König Otto III. eine Pfalz in Rom, dem Sitz des Papstes, unterhielt. Daß Brun 1009 bei seinem wiederholten Missionierungsversuch von den Pruzzen, den Preußen, ermordet wurde, zeigt, wie riskant ein Bischof im 11. Jahrhundert außerhalb der Bischofssitze und Burgen lebte.

Transformationen

Die Landnahme und Christianisierung der Bevölkerung war ein blutiger Kampf. Die entscheidenden Schlachten trugen sich nicht auf oder an Burgen zu. Diese hatten eher zeichenhaften Charakter. Wie die Dome und Klöster zeigten sie nach Innen wie nach Außen den Herrschaftsanspruch. Die einen schreckten sie ab, den anderen sprachen sie Mut zu. Ihre trutzige Bauform war gewollt.

Andere Zeichen setzt unsere Zeit, in der Burgen oft dem Freizeitvergnügen, oder, seit dem 19. Jahrhundert, der Kultur dienen. Die Hochschule für Kunst und Design auf Burg Giebichenstein oder das heitere Kulturzentrum Schloß Ballenstedt am Ufer der Bode sind Beispiele für Oasen der Kunst in kunstvoller Umgebung.

Ballenstedt war einst der Stammsitz des mächtigen Hauses Askanien, als dessen bekanntester Sproß Albrecht der Bär (1100–1170) hervortrat. Der Name war Programm: Dem Bären gelang durch militärische Erfolge ein beispielhafter Aufstieg. 1134 erhielt er von König Lothar die heutige Altmark als Lehen, um das slawisch bevölkerte Land zurück zu erobern, und 1138 wurde er als Herzog von Sachsen einer der mächtigsten Männer Westeuropas. Er gründete die Mark Brandenburg und war Markgraf der Lausitz. Sein Grab liegt in der Nikolaikapelle der Kirche von Schloß Ballenstedt.

Auf der älteren Burg wurde 1043 ein Benediktinerkloster errichtet, das 1525 im Bauernkrieg zerstört wurde. Nach der Reformation entstand auf den ausgebrannten Klostermauern ein barockes Residenzschloß, das seinerseits um klassizistische und biedermeierliche Umbauten und Ergänzungen bereichert und 1859 um einen Landschaftspark von Peter Joseph Lenné erweitert wurde. Seit dem 19. Jahrhundert gilt Ballenstedt als ein Hort der Musik und bildenden Künste. Musen eroberten die Burgen – leiser, aber nachhaltiger als machthungrige Heerführer.

Die kleinen Fotos links zeigen Schloß Ballenstedt, den immer wieder umgebauten und jüngst restaurierten Stammsitz Albrechts des Bären. Das obere Foto läßt links neben dem Schloß den Schloßturm erkennen, an dem noch das Westwerk der romanischen Klosterkirche ablesbar ist. Diese Klosterkirche aus dem 12. Jahrhundert wurde zum barocken Schloßflügel umgebaut (mittleres Foto), die Apsis ist noch ablesbar. Die anderen Schloßflügel folgen dem Grundriß des Kreuzgangs. Das untere Foto zeigt die ehemalige fünfschiffige Krypta, die nur unvollständig erhalten ist. (Straße der Romanik Nr. 38)

Das Foto rechts zeigt hoch über der Saale einen kleinen Teil der 961 erstmals genannten Burg Giebichenstein bei Halle: die Ringmauer der 1636 niedergebrannten Oberburg mit ihrem gotischen Bergfried. Mit dem Namen Giebichenstein verbindet man die traditionsreiche ›Hochschule für Kunst und Design Halle‹ in der ausgedehnten Unterburg.

Kulturzentren in der Einsamkeit

Im 6. Jahrhundert gründete Benedikt von Nursia den ersten abendländischen Orden, die Benediktiner. Unbeabsichtigt wurden sie so reich, daß Bernhard von Clairvaux 1098 die Brüder seines Ordens anmahnte, sich wieder auf die Armut zu besinnen. ›Ora et labora‹, ›bete und arbeite‹ lautete sein Gebot. Doch auch der Reformorden, die Zisterzienser, wurde finanziell wieder erfolgreich.

Das obere Foto zeigt die Stiftskirche auf dem Petersberg, etwa zehn Kilometer nördlich von Halle/Saale, die 1124 von Graf Dedo IV. von Wettin als Hauskloster und Grablege für seine eigene Familie gegründet wurde. St. Petrus ist heute eine evangelische Pfarrkirche und ein überzeugendes Beispiel für den Wiederaufbau einer mittelalterlichen Kirchenruine im 19. Jahrhundert.
(Straße der Romanik Nr. 57)

Ohne Mönche und Nonnen wäre die Besiedlung Europas anders verlaufen. Ohne sie wären auch die sächsischen Könige bei der Beherrschung ihres riesigen Reiches hilflos gewesen. Erst die Orden erschlossen das weite Land, vermittelten eine stammesübergreifende Zugehörigkeit und bauten eine neue soziale Infrastruktur auf.

Bereits die Karolinger betrieben ihre Politik durch Bistümer und Klöster, die als Missionsstützpunkte und zugleich zur Versorgung ihrer Familienangehörigen dienten. Die adeligen Stifter stellten dabei zumindest das Land zur Verfügung. Meistens schenkten sie dem Kloster weitere Ländereien und Dörfer, stifteten Geld und Reliquien, deren Bedeutung nicht oft genug betont werden kann. Ohne diese Kultgegenstände, die den Nonnen und Mönchen die Anbindung an die ersten Glaubenszeugen in der Ferne vermittelten, war eine Klostergründung wenig überzeugend. Reliquien, und der Handel mit ihnen, bestimmten wesentlich die mittelalterliche Politik. Auch Klöster waren ein Import aus dem Süden. Vom 6. bis ins 11. Jahrhundert können dies nur Benediktinerklöster sein, benannt nach ihrem spätantiken Ordensgründer.

Die heutige Stiftskirche St. Petrus auf dem Petersberg entstand zwischen 1142 und 1184.

Die Benediktiner

Benedikt wurde um das Jahr 480 in Nursia (heute Norcia in Umbrien) geboren. Zunächst versuchte er ein Leben als Einsiedler, später gründete er in Subiaco eine erste Gemeinschaft. 529 zog er mit den Brüdern nach Cassino, südlich von Rom, wo auf einem Berg das erste Benediktinerkloster entstand. Benedikt forderte Armut, Ehelosigkeit und Gehorsam. In Montecassino schrieb er seine Regeln für das lebenslange Zusammenleben von Männern oder Frauen mit einem gemeinsamen geistigen Ziel. Die ›Regel des Heiligen Benedikt‹ bildete die Grundlage für das abendländische Mönchtum.

Von den räumlichen Idealvorstellungen eins Klosters wissen wir durch den berühmten St. Galler Klosterplan. Er zeigt

Diese kleine ›Petersberger Madonna‹ aus Bein ist gerade einmal sechs Zentimeter hoch. Sie dürfte um 1180 entstanden sein.

die Gebäudeanordnungen in einem karolingischen Kloster.

An der baulichen Grundstruktur hat sich viele Jahrhunderte kaum etwas geändert. Das architektonische und geistliche Zentrum bildet die Klosterkirche. Beim St. Galler Klosterplan ist sie mit einer Apsis im Osten und einer zweiten Apsis im Westen ausgestattet. Im Unterschied dazu bilden die ottonischen Kirchen in Sachsen-Anhalt meist eine mächtige Westfassade aus. An die Kirche schließt sich im Süden der Kreuzgang mit der Klausur an, mit jenen Räumen, die nur den Mönchen oder Nonnen vorbehalten sind. Dazu gehören Schlaf- und Speisesaal. Um diese zentralen Bauten herum gruppieren sich, wie später bei einer Stadt, etliche Nutzgebäude, wie Ställe und Scheunen, Mühle, Brauerei, Küche, Schule, Ärztehaus, Hospital und Herberge.

Blick auf die halbkreisförmige Apsis der heutigen Pfarrkirche St. Petrus. Die Apsis wird durch drei Rundbogenfenster, Lisenen und einen profilierten Lisenenfries gegliedert.

Diese Gebäude machen deutlich, daß jedes Kloster eine wirtschaftlich selbständige Einheit ist. Eine Mauer grenzt sie vom Umland ab. Durch ihr verbindendes geistiges Ziel erwirtschafteten die Bewohner alles gemeinsam, ohne daß sie persönlichen Besitz einbehielten. Mancher Firmenchef würde heute vom Erfolg dieser Arbeitsstruktur träumen. Die Mönche und Nonnen wußten jedoch, wofür sie viele Stunden am Tage arbeiteten.

Schaltstellen der Macht

Schon die frühen karolingischen Benediktinerklöster wie Fulda, Hersfeld, Corvey/Höxter, Hildesheim oder Gandersheim erlebten einen raschen Aufschwung. Sie entsandten kleine Gemeinschaften aus ihrer Mitte, die ihrerseits wieder neue Klöster gründeten. So wurde von Corvey aus 936 das Kloster Gröningen und vor 960 Drübeck (S. 128 ff.) gegründet.

In den Klöstern wirkten oft Persönlichkeiten, deren Werke bis heute aktuell geblieben sind und die das Kunstschaffen und die Politik ihrer Zeit beeinflußten. Dafür stehen Namen wie Hrotsvit (Roswitha) von Gandersheim, Widukind von Corvey, Bernward von Hildesheim oder Thietmar von Merseburg.

Der erste Sachsenkönig Heinrich I. regelte vorausschauend in seiner ›Hausordnung‹ 929 die Versorgung seiner Gattin Mathilde und die berufliche Laufbahn seiner Kinder. Mathilde übernahm nach Heinrichs Tod 936 als Äbtissin das Damenstift Quedlinburg. Dort begründete sie eine Tradition, die den adeligen Töchtern dieses politisch einflußreiche Amt erhielt. Die Äbtissinnen von Quedlinburg, Gernrode und Gandersheim gehörten über Generationen zu den angesehensten Persönlichkeiten im Reich.

Mit Sicherheit boten die mit allen Mitteln ausgestatteten Klöster den Frauen bessere Möglichkeiten zum Regieren, Studieren und zum Austausch mit Gelehrten anderer Länder als das weltlich vorgegebene Leben an der Seite eines Herzogs. Denn der Ritter, der Lieblingsheld der Abenteuergeschichten, konnte, wie die meisten Menschen damals, nicht lesen. Adelige Frauen hingegen, in Klöstern erzogen, tradierten die Kultur. Durch sie gelangte Geist an die Höfe. Nicht nur wegen ihres Landes holten sich die aufstrebenden Ottonen gebildete Bräute aus dem byzantinischen Reich oder Burgund.

Durch das gegenseitige Geben und Nehmen der führenden geistlichen und weltlichen Gesellschaftsschichten ent-

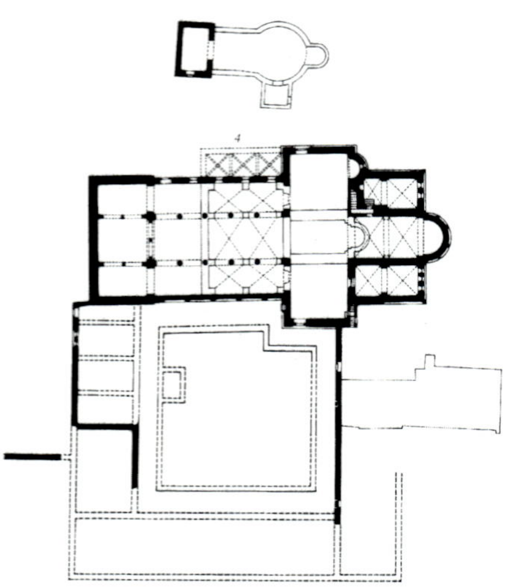

Grundriß der vormaligen Stiftskirche St. Petrus auf dem 250 Meter hohen Petersberg. Das Augustiner-Chorherrenstift liegt auf einer steil abfallenden Porphyrkuppe, die den ungewöhnlichen Grundriß bedingte. Im Norden der Stiftskirche lag die Alte Kapelle, im Süden schlossen sich Kreuzgang und Klausur an.

Ungewöhnlich ist das ausladende Querhaus, das heute – nach dem Wiederaufbau durch die preußische Denkmalpfleger im 19. Jahrhundert – als weiter, durchgehender Raum erlebbar ist. Ursprünglich war die Vierung durch Chorschranken abgegrenzt.

wickelten sich die Klöster und Bischofssitze im Mittelalter zu Zentren der Kultur. Freilich waren in den klösterlichen Gemeinschaften nicht alle gleichgestellt. Die kaum durchlässige Ständegesellschaft bildete sich auch im Kloster ab. Wenn aber jemand lesen und schreiben lernen wollte, dann bot die Erziehung im Kloster den erfolgversprechendsten Weg. Dort wurden Bücher zusammengetragen, dort entstanden umfangreiche Bibliotheken.

Die schnelle Ausbreitung der Benediktiner erscheint rückblickend eine beispielhafte Erfolgsgeschichte. Tausende Frauen und Männer verließen ihr Dorf, rodeten Wälder, pflügten den Boden, säten, ernteten, bauten. Sie kopierten Buchtexte, illustrierten sie kunstvoll, schrieben eigene Bücher. Jeder Tag war durchorganisiert nach der Regel ›bete und arbeite‹. Nicht zuletzt boten Klöster Sicherheit und Versorgung: leibliche Versorgung im Alter, aber auch geistliche Versorgung nach dem Tode, genannt Memoria.

Familien-Grablege

Häufig stifteten Adelige ein Kloster als eigene Grablege, so etwa Heinrich I. in Quedlinburg oder Otto I. in Magdeburg. Damit schufen sie sich die Aussicht, daß das Andenken an sie möglichst lange bewahrt und für ihre Seele gebetet wird. Auch die Stiftskirche St. Petrus auf dem Petersberg verdankt sich einer solchen Absicht eines mächtigen Grafen.

Graf Dedo IV. von Wettin gründete dieses Augustinerstift als künftige Grablege für seine Familie, die Wettiner. Die Stiftskirche wurde in den Jahren 1142 bis 1184 gebaut. Sie ersetzte einen kleinen Vorgängerbau, der, wie so oft, seit ottonischer Zeit auf einem slawischen Heilig-

Das Foto gibt den Blick nach Osten in der Augustiner-Chorherren-Stiftskirche St. Petrus wieder. Die Kirche verfiel über Jahrhunderte zur Ruine, und erst die preußische Denkmalpflege nahm sich ihrer an. Der heutige, harmonische Raumeindruck wird daher stark durch den Wiederaufbau der Jahre 1853–1857 geprägt. Insbesondere die Pfeiler des Mittelschiffs mit ihren figürlichen Zwickelreliefs und Kämpfern verdanken sich der einfühlsamen Steinmetzkunst der Handwerker des 19. Jahrhunderts.

tum stand. Die Kirche des 12. Jahrhunderts jedoch verfiel seit dem Dreißigjährigen Krieg zur Ruine, wurde geplündert und als Steinbruch genutzt.

Von diesen Zerstörungen ist heute nichts mehr erkennbar, denn die Preußen rekonstruierten die Ruine seit 1853 so original wie möglich, nachdem sich Karl Friedrich Schinkel und Johann Wolfgang Goethe für ihren Wiederaufbau eingesetzt hatten. So stellt sich der stimmungsvolle Raum (s. S. 125) als interessantes Ergebnis der Denkmalpflege des 19. Jahrhunderts dar. Obschon die Kirche auf dem Petersberg damit älter aussieht, als sie ist, vermittelt sie aber als Kopie das Raumgefühl des 12. Jahrhunderts.

Hadmersleben

Das Kloster Hadmersleben überstand sein wechselvolles Schicksal glücklicher. Gleichwohl ist seine tausendjährige Nutzungstradition heute gefährdet.

Das 961 gegründete Kloster war immer wohlhabend, wurde von Adelsfamilien großzügig bedacht, und den Nonnen war die meiste Zeit ein komfortables Leben vergönnt. Möglicherweise zeigten sie dieses zu deutlich, denn 1120 wurde ihnen der Augustiner Gerhard als Propst

Das obere Foto zeigt den Blick nach Osten, zum barocken Hochaltar der ehemaligen Klosterkirche zu Hadmersleben. Die Kirche erhielt in den Jahren 1699–1710 eine einheitliche, hochwertige Barockausstattung. Das Skulpturenprogramm schuf die Bildhauerin Gertrud Gröninger aus Paderborn. Die vermeintliche Krypta unter der Nonnenempore (Foto auf der rechten Seite) ist der romanische Vorgängerbau der heutigen Kirche.
(Straße der Romanik Nr. 26)

vorgesetzt. Gerhard mahnte sie zu klösterlicher Ordnung. Er verlangte mehr Frömmigkeit, welche angeblich ›nicht bloß entschlummert, sondern gänzlich erloschen war‹ (Merfert 1999, 28).

Das Hadmerslebener Kloster St. Petrus und St. Stephanus entstand 961 unter ottonischer Herrschaft. Bischof Bernhard von Halberstadt gründete es auf seinem väterlichen Grundbesitz in ›Hathumareslev‹. Nach bewährter Tradition setzte Bernhard als Äbtissin eine Familienangehörige ein, seine Nichte Gundrada. Als Jahre später eine Verwandte des Kaisers Otto III. zur Äbtissin von Hadmersleben erhoben wurde, schenkte Otto dem Kloster bei seinem Regierungsantritt gleich 22 Ortschaften, deren Abgaben zum Wohlstand des Klosters beitrugen.

Das weitläufige Denkmalensemble, das im Laufe der Jahrhunderte immer wieder umgenutzt wurde, vermittelt das Bild einer Klosteranlage mit Kirche, Klausurgebäuden, Gutshof und Park. Hadmersleben ist trotz der Reformation immer ein katholisches Kloster geblieben. Erst unter Napoleon wurde es 1809 für 2,2 Millionen Taler verkauft. Heute finden in der Kirche katholische Messen statt.

Wie bei einem Haus, in dem viele Tapetenschichten übereinander kleben, überlagern sich in den Gebäudetrakten die Nutzungsphasen vom 10. bis 20. Jahrhundert. Sie beziehen den Besucher in eine reizvolle, Geschichte atmende Spannung ein, die nichts mit einer distanzierten musealen Präsentation gemein hat.

In Hadmersleben prallen die Epochen mit all ihrer Eigenwilligkeit aufeinander. Niemand hat sie zu einem vermeintlich harmonischen Hintereinander aufbereitet. Vor der Anlage stehen landwirtschaftliche Geräte, im Klosterhof spielen Schüler Tischtennis. Gleich daneben liegen Museumsräume, die zu unterschiedlichen Zeiten des 20. Jahrhunderts eingerichtet wurden. In deren Nachbarschaft Klassenräume. Einer der Säle ist dem Begründer

der klassischen Archäologie, Johann Joachim Winckelmann gewidmet, der 1742 in Hadmersleben als Hauslehrer wirkte.

Die jüngste Geschichte ist eng mit dem fruchtbaren Boden der Börde verbunden. Im Hadmerslebener Kloster war das Institut für Getreideforschung der DDR untergebracht, wo man nicht nur Getreidesorten züchtete, sondern sich auch aus Verbundenheit um die Pflege des Klosters kümmerte. Begründet wurde die naturwissenschaftliche Forschungstradition im 19. Jahrhundert, als Ferdinand Heine 1885 das Kloster erwarb. Seine wertvolle Getreidesammlung hat die Wende überstanden und bewahrt viele Kenntnisse über die Geschichte des Getreideanbaus.

Die Äbtissin beauftragt eine Bildhauerin

Als Kleinod gilt die Hadmerslebener Klosterkirche, deren Raumeindruck durch eine prachtvolle Barockausstattung geprägt wird. Sehr selten in der Kunstgeschichte, ist hier der Name einer weiblichen Bildhauerin überliefert. Wir kennen sie auch nur durch einen Zufall. Weil sie nach Vollendung ihrer Arbeit um ihr Honorar streiten mußte, gibt es noch die Prozeßakten des Stadtregiments.

Vorangegangen war folgendes: Die Äbtissin Anna Margaretha Blume befürchtete mit Recht, daß der von ihr mit einem Hochaltar beauftragte Halberstädter Bildhauer Thielo Zimmermann eine schlechte Arbeit abliefern würde. Deshalb beauftragte sie die ihr empfohlene, erfahrene Bildhauerin aus ihrer Heimat Paderborn mit dem Skulpturenprogramm für den Altar. In zweijähriger Arbeit schnitzte Gertrud Gröninger zwischen 1695 und 1698 zur großen Zufriedenheit der Abtissin 13 lebensgroße Altarfiguren, die sich harmonisch in den vorgegebenen Altaraufbau einfügen und ihn mit ihrer großen Lebendigkeit bereichern.

Der zunächst vorgesehene Bildhauer, der nunmehr nur den Altaraufbau, nicht aber die Skulpturen schnitzen durfte, unterstellte dem Kloster, es hätte ›heimlich ein Weibsstück‹ bei sich, das Bilder für den Altar anfertige. Die Äbtissin schrieb eine wahrheitsgemäße Gegendarstellung: Nach Thieles ersten Arbeiten habe sie erkennen müssen, daß er ungeeignet sei, und habe eine Bildhauerin beauftragt, der ›Gott und die Natur diese Kunst eingepflanzet‹ hätten, um den Auftrag zu retten. Da der Beklagte die Bildhauerin ›in ganz unverschämbter weise‹ beleidigt hatte, sei er zu bestrafen, so die Äbtissin.

Während die Bildhauerin Gertrud Gröninger ein Jahr auf ihr Geld wartete, bis der Rechtsstreit entschieden und der Altar taxiert war, arbeitete sie gegen freie Kost und Unterkunft weiter für die Äbtissin. Sie schuf für die Klosterkirche vier zusätzliche Figuren für die Seitenaltäre und eine 85 Zentimeter hohe Kalvariengruppe aus Birnbaum, die sie der Äbtissin in großer Ehrerbietung inschriftlich widmete. Nach einem Jahr erhielt Gertrud Gröninger als Honorar 150 Reichstaler (Merfert 1999, 67–69).

Auch aus einem anderen Grunde ist die heutige Klosterkirche interessant. Im Westen befindet sich in jenem Raumteil unter der Nonnenempore, den man für eine Krypta halten könnte, auf 14 Metern Länge das Südschiff des Vorgängerbaus. An dieser romanischen Hallenkirche sind außerdem Teile des ottonischen Grün-

Das Foto rechts zeigt das ehemalige Benediktinerinnenkloster St. Vitus in Drübeck. Es zählt zu den ältesten Klöstern in Sachsen-Anhalt. Schon vor dem Jahre 960 erstmals erwähnt, wurde es von Kaiser Otto I. als königliches Stift bestätigt. Ähnlich privilegiert wie Quedlinburg oder Gandersheim, wurden auch in Drübeck nur Adelige aufgenommen. Im Bauernkrieg wurde das Kloster schwer beschädigt und nach der Reformation in ein evangelisches Stift ungewandelt. Im 17. Jahrhundert kam es in den Besitz der Grafen von Stolberg-Wernigerode. (Straße der Romanik Nr. 34)

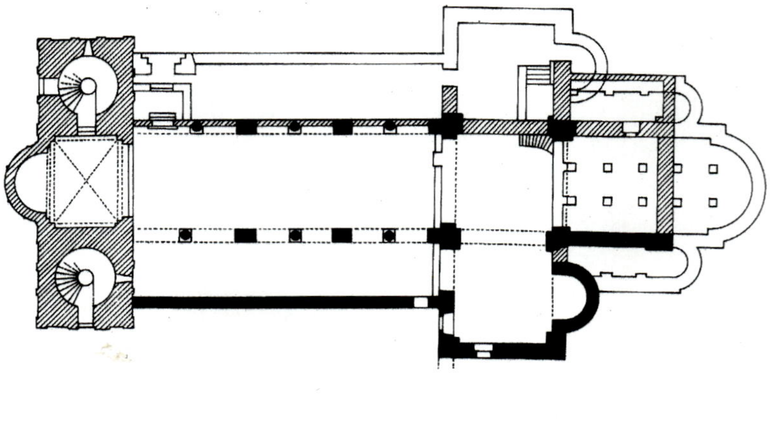

Der Grundriß veranschaulicht, daß St. Vitus eine dreischiffige Basilika mit Chor, Apsis und Westfasssade war. Das nördliche Seitenschiff fehlt seit den Verwüstungen im 16. Jahrhundert. Der zweitürmige Westbau wurde um 1100 begonnen und im Laufe des 12. Jahrhunderts mehrfach umgebaut. Ungewöhnlich ist die Apsis im Westen, die auch auf dem Foto zu sehen ist.

dungsbaus, ebenfalls eine Hallenkirche, ablesbar (s. S. 127).

Wohl niemand kennt das Kloster so gut wie sein derzeitiger, ehrenamtlicher Hüter, Dr. Walter Merfert, der es sich zur Aufgabe gemacht hat, die wechselvolle Klostergeschichte von Hadmersleben zu erforschen, zu publizieren und immer wieder gegen denkmalschädliche Nutzungskonzepte aufzubegehren. Merfert ist ein streitbarer Mann, der durch seine Bücher und Klosterführungen ein Verständnis für den Wert des Ortes vermitteln will. Große Klosteranlagen wie Hadmersleben verdanken oftmals solchen Querdenkern ihr Fortbestehen.

Drübeck

Ähnlich reich ausgestattet wurde im 10. Jahrhundert das Frauenkloster St. Vitus in Drübeck. Kaiser Otto I. bestätigte Drübeck als königliches Stift. Ebenso privilegiert wie die Stifte Quedlinburg oder Gandersheim, nahm Drübeck bis ins 13. Jahrhundert ausschließlich adelige Frauen auf. Entsprechend hoch war der Bildungsstand und aufwendig die Klosterausstattung. Von letzterer ist allerdings nichts mehr erhalten. Die figürlichen Kapitelle lassen jedoch erahnen, daß man sich in Drübeck die besten Steinmetzen leisten konnte und sie von weither holte. Obwohl das nördliche Seitenschiff fehlt und die Mittelschiffarkade seitdem zur Außenwand geworden ist, läßt sich im wiederhergestellten Innenraum mit dem sächsischen Stützenwechsel, der flachen Decke und den kleinen Obergadenfenstern die alte Klosterkirche ablesen.

Wie eng die wirtschaftlichen und damit auch künstlerischen Verbindungen nach Konstantinopel und in das Kalifat Córdoba waren, lassen die vielen hochwertigen Details am Gebäude erahnen.

Die Fotos dieser Seiten zeigen den Innenraum des Klosters Drübeck nach Osten und eines der Kapitelle aus dem 12. Jahrhundert.

Drübeck greift nach längerer Zeit wieder den sächsischen Stützenwechsel auf, der Säule und Pfeiler im Wechsel anordnet und dadurch den Raum rhythmisiert. Nach schweren Schäden im 16. Jahrhundert wurde das nördliche Seitenschiff nicht wieder aufgebaut. Dennoch bemühte man sich bei den jüngsten beiden Restaurierungen der Jahre 1953 und 1992, den romanischen Raumeindruck wieder herzustellen. (Straße der Romanik Nr. 34)

Die Fotos dieser Seite zeigen die reich ausgestattete Kirche des ehemaligen Nonnenklosters Hecklingen, das um die Mitte des 12. Jahrhunderts begonnen wurde. Es liegt auf dem Weg zwischen Magdeburg, Quedlinburg und Gernrode und läßt auf die künstlerischen Verbindungen zu Byzanz schließen. Der Blick in das Langhaus zeigt zwei unterschiedliche Mittelschiffarkaden. Während die nördliche noch Würfelkapitelle und den sächsischen Stützenwechsel (Säule-Pfeiler-Säule) zeigt, wurde die südliche Arkade nach 1230 frühgotisch umgebaut. Zu den wertvollen Besonderheiten zählen die Köpfe über den Arkadenbögen, die vermutlich die Stifter der Kirche darstellen, sowie die Stuckengel in den Zwickeln der Arkade.
(Straße der Romanik Nr. 60)

Man denke nur an das von Otto I. 937 gestiftete Magdeburger Mauritiuskloster, den späteren Magdeburger Dom, für den nicht nur antikes Baumaterial und Reliquien, sondern auch ›griechische‹ Maler geholt wurden. Oder an die bis dahin in Sachsen unbekannten Langhausemporen von Gernrode, über die sich die Äbtissin Hathui mit der Kaiserin Theophanu ausgetauscht haben wird. Selbst Dorfkirchen zeigen an ihrer Ausmalung, wie in Pretzien, durch ihre Materialien und Motive, daß manche Menschen im Mittelalter weite Reisen auf sich nahmen und gefragte Bauleute durch ganz Europa reisten.

Hecklingen und die Hirsauer Baureform

Mit Sicherheit zählten Nonnen und Mönche zu denjenigen, die es freiwillig oder auf Anordnung in Gegenden weit von ihrer Heimat verschlagen konnte. Da sie Gehorsam gelobt hatten, konnte der Abt sie jederzeit in die Ferne schicken, um ein Tochterkloster zu gründen. Ihr Wissen um die Bautechnik nahmen sie mit. Wer in die Ungewißheit ging, schuf sich dort Vertrautes, baute wie in der Heimat und zeigte damit seine Anbindung an die Tradition.

Auch an dem raffinierten Bauschmuck des ehemaligen Nonnenklosters in Hecklingen läßt sich ablesen, daß man mit oströmischer Bautradition in Berührung gekommen war. Die Klosterkirche St. Georg und St. Pankratius liegt südlich der sächsischen Metropole Magdeburg, in der sich die Fernhandelsstraßen trafen und wo auch der romanische Dom Ottos I. beim Baubeginn Hecklingens um 1150 noch stand. Ebenso deuten viele spätere Einzelmotive in Hecklingen auf byzantinische Kenntnisse, so etwa die Stuckengel an der Mittelschiffwand aus der Zeit um 1220.

Hecklingen ist in vielfacher Hinsicht interessant, denn bei allem Reichtum in der Ausstattung vermittelt die Kirche zugleich ein Beispiel für das sehr klare, einfache ›Hirsauer Bauschema‹. Vom französischen Cluny ausgehend, breitete sich diese Reformbewegung auch in den Osten aus. Die Mönche mahnten zur Rückbesinnung auf die alten benediktinischen Ideale, die ein einfaches Leben in Armut forderten. Das schloß auch die Bauten ein. Vom Kloster Hirsau im Schwarzwald gelangte die ›Hirsauer Reform‹ in das altehrwürdige Halberstadt, wo die Liebfrauenkirche zum Inbegriff der Hirsauer Bauschule wurde, und nach Hamersleben.

Hamersleben

Wie eine Erscheinung aus dem Mittelalter wirkt die Klosterkirche in Hamersleben. Mit Sicherheit gehört sie zu den stimmungsvollsten romanischen Kirchen. Sie hat mit Unterstützung der Denkmalpfleger als weitgehend originales Zeugnis aus dem Mittelalter überlebt.

Das von einer Klostermauer weitläufig umgebene ehemalige Augustiner-Chorherrenstift erscheint dem Besucher, als hätte es seit Jahrhunderten auf ihn gewartet. Diese vermeintliche Unberührtheit

Die Stiftskirche St. Pankratius in Hamersleben entstand nach 1112 nach dem Hirsauer Reformschema (s. Grundriß unten), das schon der Außenbau zeigt. Die dreischiffige Basilika mit apsidialem Chorabschluß verzichtet auf eine Westturmfassade. Dafür ist die Bauplastik der Kapitelle überwältigend reich.
(Straße der Romanik Nr. 28)

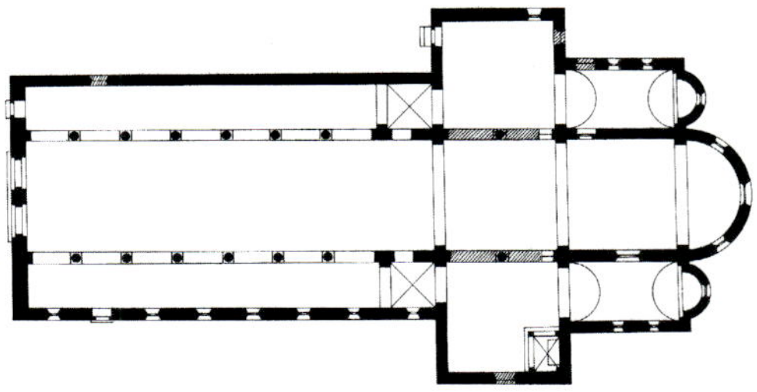

Die Klosterkirche in Arendsee gilt als ältester durchgehend gewölbter Backsteinbau dieser Region. Die Kirche wurde um 1240 fertiggestellt. Die steinsichtigen Backsteinbögen betonen die Wölbung, während die weiß getünchten Wände den Raum hell erstrahlen lassen. (Straße der Romanik Nr. 12)

verweist auf die Behutsamkeit und Sachkenntnis, mit der die Denkmalpfleger seit dem 19. Jahrhundert vorgingen. Insbesondere dem ersten preußischen Konservator Ferdinand von Quast ist es zu verdanken, daß er den Wert der romanischen Kirche erkannte und 1857 Restaurierungsarbeiten einleitete, um die Bausubstanz zu sichern und den romanischen Raumeindruck zu bewahren. Ähnlich vorsichtig gingen die Denkmalpfleger und Restauratoren der DDR vor, als sie die Kirche über einen Zeitraum von zwanzig Jahren hinweg restaurierten. Sie sicherten den abgängigen Westgiebel und legten 1963 die Mittelschiffarkade wieder frei, die seit 1945 aus statischen Gründen zugemauert worden war.

So unvermittelt erhebt sich die Klosterkirche am Rande des Dorfes nach einer Fahrt durch die Landschaft über holprige Kopfsteinstraßen, daß man die Wirkung erahnen kann, die dieser Anblick auf einen Reisenden im Mittelalter ausgeübt haben muß. Jedes Kloster, das man nach etlichen Stunden zu Fuß durch Felder und Wälder, entlang von Flüssen und über Hügelketten schließlich am Horizont erblickte, vermittelte einen Hort der Zivilisation, eine Anlaufstelle, wo man Menschen antreffen würde, die eine Herberge boten und weiterhalfen.

Hirsauer Baureform als Vereinfachung? Hamersleben führt vor, wie der Verzicht auf ›luxuriöse‹, kostspielige Bauteile, wie hohe Türme oder mächtige Querhäuser, dazu führen kann, die Architektur noch eleganter und im baulichen Detail feiner durchzugestalten.

Die Kirche betritt man heute durch ein Portal im Osten. Der wilde Garten erinnert an ein lebendiges Paradiesgärtlein, einen hortus conclusus, den man von mittelalterlichen Tafelbildern kennt. Moderne Ergänzungen an der Kirche, wie das Eingangsportal, setzen die monastische Liebe zum Detail fort. Als Türgriff greift man einen Vogel, der sein Küken im Nest füttert.

Das Benediktinerinnen-Kloster in Arendsee liegt am Ufer des gleichnamigen Sees. Die Klosteranlage steht seit 1826 nicht mehr, aber die Klosterkirche und der Südflügel des Kreuzganges wurden restauriert. Im Schatten der Kirche entstanden moderne Altenwohnungen. Über dem ganzen Ensemble liegt die duftige Heiterkeit des Luftkurortes.

Die Augen gewöhnen sich schnell an das gedämpfte Licht des Kirchenraumes, der als Pfarrkirche dient, und lassen die wunderbaren Stuckreliefs an der nördlichen Chorschranke plastisch hervortreten. Auf ihre Ähnlichkeit mit den Halberstädter und Hildesheimer Chorschranken wurde oft hingewiesen. In Hamersleben sind allerdings nur drei sitzende Relieffiguren erhalten.

Für den Kirchenraum und seine aufwendig bearbeiteten Kapitelle braucht man Zeit. Bei gleicher Grundfigur der Kapitellform, dem Würfelkapitell, nimmt der Schmuckreichtum von West nach Ost, und vom nördlichen zum südlichen Seitenschiff zu (s. S. 133). Wie schon bei der Klosterkirche in Hadmersleben, hat die Barockzeit auch in Hamersleben eine Ausstattung in den romanischen Raum eingebracht. Dank der denkmalpflegerischen Sorgfalt wirken heute auch hier der barocke Hochaltar und die Orgel als eigenständiger Schmuck, wie eine Skulptur, bei der das romanische Raumgefühl nicht gestört wird. Beide Sprachen stehen gleichwertig nebeneinander. Der Innenraum zeigt sich von der Hirsauer Bauschule beeinflußt, die über die thüringische Kirche St. Peter in Erfurt (1103–1147) aus Hirsau im Schwarzwald in die Königslandschaft Sachsen vermittelt wurde.

Das Foto zeigt die ehemalige Klosterkirche Marienwerder in Diesdorf, die heute als Pfarrkirche genutzt wird.

Die Ähnlichkeit zwischen Arendsee (linke Seite) und Diesdorf ist nicht erstaunlich, denn beide Kirchen wurden gleichzeitig gebaut. Ihre hohe Qualität wird verständlich, wenn man weiß, daß die Dome in Braunschweig, Ratzeburg und Lübeck beiden Klöstern als Vorbilder dienten. Graf Hermann von Warpke-Lüchow hatte Diesdorf gestiftet, um von hier die Slawenmission zu unterstützen. Das Grabmal des Grafen, der 1272 starb, ist im nördlichen Seitenschiff erhalten.

Heute steht die stimmungsvolle Kirche auf einer Wiese inmitten des Ortes, nachdem die Klausurgebäude im 19. Jahrhundert abgerissen wurden. Obwohl sich die Baukörper in Diesdorf harmonisch zueinander fügen und auch der Innenraum eine besonders Atmosphäre hat, entstand die Kirche seit 1210 über einen langen Zeitraum von über 170 Jahren. Auch die Restaurierungen des 19. und 20. Jahrhunderts hinterließen ihre Zutaten. So ist der Westturm erst 1872 enstanden, während die (hier nicht sichtbare) nördliche Nebenapsis erst 1955 ergänzt wurde.

Am Außenbau sind sorgfältig gemauerte Lisenen zu erkennen, daneben Rundbogen- und Kreuzbogenfriese sowie ein doppeltes Deutsches Band. (Straße der Romanik Nr. 10)

Keine Kirche ohne Christianisierung

Die Kritik am klösterlichen – oder besser unklösterlichen – Leben kam immer wieder aus den eigenen Reihen der Nonnen und Mönche. Wiederholt setzten charismatische Persönlichkeiten ihren Ruf, ihren Besitz und ihr Leben aufs Spiel, um die Zeitgenossen aufzurufen, sich auf die alten klösterlichen Werte zu besinnen. Obschon Orden wie die Prämonstratenser und die Zisterzienser aus Reformabsichten entstanden, waren sie bei der gewaltsamen Christianisierung in den Kreuzzügen maßgeblich beteiligt. Dennoch schufen die Mitglieder dieser Orden in wenigen Jahrzehnten besonders viele und kunstvolle Klosterkirchen. Man denke nur an Jerichow, Havelberg und die vielen Dorfkirchen im Jerichower Land. Auch die zauberhaften Klosterkirchen in Diesdorf und Arendsee wurden von den Prämonstratensern in Jerichow beeinflußt. Die Aufgabe der Stiftsdamen und -herren in Diesdorf lautete: zu missionieren.

Dieser tragische Widerspruch zwischen Schönheit und Machtausübung ist in jedem Stein vermauert. Deshalb gehört das Thema bei einer Kirchenbetrachtung mit auf den Tisch oder auf das Papier, und zwar ohne Süffisanz, Häme und Zynismus. Es sollte mit Sachverstand in die Betrachtung einbezogen werden, denn es gehört zum Charakter der Baugattung dazu. Dann erst können die Kirchen ihre Großartigkeit und Schönheit offenbaren. Das christliche Gebot der Nächstenliebe will heute jegliche Gewalt grundsätzlich und bedingungslos ausschließen. Unsere Kirchen sind unersetzliche Kunstwerke von Menschen, die das oft anders sahen.

Romanische Kirchen in Sachsen-Anhalt und Bergbau sind zwei Themen, die zusammen gehören. Die Klosterkirche in Klostermansfeld liegt im Mansfelder Land, das jahrhundertelang für den Bergbau bekannt war. Hier wurden Erze wie Kupfer und Silber gewonnen. Der Bergbau im Harz lieferte die Grundlagen für den Reichtum, ohne den die romanischen Baudenkmale nie hätten entstehen können. Über die Geschichte des Bergbaus informiert heute das beeindruckende Bergwerk Rammelsberg bei Goslar (ohne Foto). Ohne die Bodenschätze wäre kein sakraler Großbau im Harz entstanden.

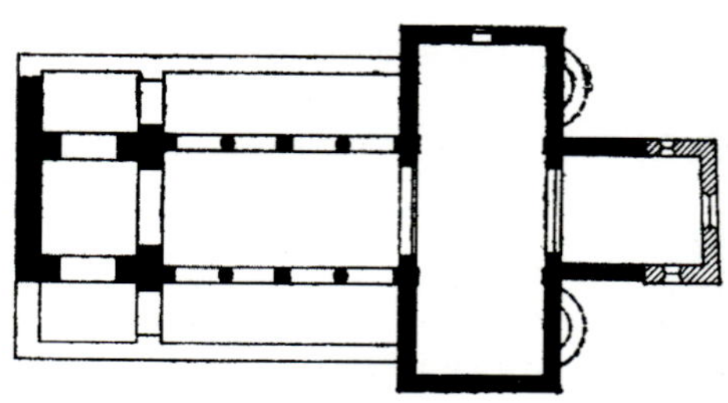

Der Grundriß der Klosterkirche in Klostermansfeld zeigt eine dreischiffige Basilika mit Stützenwechsel und mit einem breiten, durchgehenden Querschiff. Der Rechteckchor ersetzt seit dem 15. Jahrhundert die ursprüngliche Apsis. Auf eine westliche Turmfassade wurde verzichtet (s. auch Ansicht von Süden, ganz links).

Die Klosterkirche wirkt seit der ebenso arbeitsintensiven wie behutsamen Restaurierung durch die Denkmalpfleger der DDR wieder als klarer, harmonischer Raum der Romanik mit sächsischem Stützenwechsel und Würfelkapitellen.

Die Kirche wurde im Bauernkrieg stark beschädigt und in den Formen des 16. Jahrhunderts vereinfacht wieder hergestellt. Die Arkadenbögen zu den Seitenschiffen und die zum Westturm waren bis ins 20. Jahrhundert hinein zugemauert und wurden erst von den Denkmalpflegern wieder geöffnet.

Der heutige Raumeindruck geht auf das 12. Jahrhundert zurück. Der Bau wird mit Albrecht dem Bären in Verbindung gebracht, der 1158 nach Jerusalem gefahren ist und von dort Mönche mit nach Klostermansfeld gebracht hatte. Deshalb wurde das Kloster spätestens 1159 dem Orden vom Tale Josaphat übergeben.
(Straße der Romanik Nr. 32)

Verwendete Fachbegriffe

Kleines Romanik-Lexikon

Die folgenden Begriffe beschränken sich auf eine kurze Definition, die im Sinnzusammenhang dieser Publikation relevant ist. Darüber hinausgehende Erläuterungen gibt das ›Bildwörterbuch der Architektur‹ von Hans Koepf, das 1999 in der Überarbeitung von Günther Binding neu aufgelegt wurde.

Arkade

Eine Arkade ist eine Folge von Säulen oder Pfeilern, die mit Bögen verbunden sind. Eine Blendarkade ist eine Bogenfolge, die einer Mauer aufgeblendet ist.

Basilika

Der Begriff bezeichnet einen Bautyp. Im Mittelalter gibt es vier Bautypen: Saal, Halle, Zentralbau, Basilika. Im Unterschied zu einer Halle ist eine Basilika ein Raum, dessen Mittelschiff nicht nur höher ist als die Seitenschiffe, sondern der zugleich durch Fenster im Obergaden separat beleuchtet wird.

Chor

Der Chor ist bei mittelalterlichen Kirchen der für das Gebet der Geistlichen und den Chorgesang bestimmte Raumteil einer Kirche. Bis auf wenige Ausnahmen liegt der Chor immer im Osten, weil die Heilige Stadt Jerusalem nach der damaligen Vorstellung im Osten liegt. Da man davon ausgeht, daß die meisten Kirchen geostet sind, beschreibt man die Lage der Gebäudeteile mit den Himmelsrichtungen. So weiß jeder Betrachter unabhängig von seinem subjektiven Standort, was gemeint ist.

Gesims

Das Gesims ist ein horizontales Gliederungselement, das friesartig dekoriert sein kann, aber nicht sein muß. Im Unterschied dazu ist ein Fries ein horizontales Gliederungselement mit einer Abfolge von darstellerischen Elementen.

Gewände

Als Gewände bezeichnet man die Laibung eines Portals oder eines Fensters, wenn sie schräg geführt ist.

Gewölbe

Gewölbe entstehen erst in der späteren Romanik. Ottonische Kirchen sind bis dahin flach gedeckt. Ein Gewölbe überspannt einen Raum als konkaver Mauerverbund, der sich selbst trägt.

Giebel

Ein Giebel ist die Abschlußform eines Satteldaches oder auch die Bekrönung eines Fensters.

Grundriß

Der Grundriß ist ein zeichnerisches Mittel, um Architektur darzustellen. Er ist der horizontale Schnitt durch das gesamte Gebäude in etwa einem Meter Höhe. Eine Ausnahme bilden Kirchengrundrisse, bei denen der horizontale Schnitt etwas höher liegt, weil man auch die Fenster und Gewölbe einzeichnen will.

Halle

Der Begriff bezeichnet einen Kirchen-Bautyp. Eine Halle oder Hallenkirche ist eine mehrschiffige Kirche, bei der alle Schiffe gleich lang sind und die gleiche Deckenhöhe aufweisen. Dadurch wird der Raum gleichmäßig von Licht durchflutet, und es sind axiale Blickbeziehungen möglich. Eine Hallenkirche kann keinen Obergaden haben, weil die Seitenschiffe ebenso hoch wie das Mittelschiff sind.

Joch

Ein Joch ist die Einheit der Gewölbefelder zwischen den Stützen, bestehend aus dem Gewölbefeld von nördlichem Seitenschiff, Mittelschiff und südlichem Seitenschiff. Das Joch wird vom nächsten Joch in Längsrichtung des Gebäudes durch den Gurtbogen getrennt. Bei der Beschreibung des Grundrisses einer Kirche werden die Joche in der Richtung der Längsachse gezählt. Mehrere Joche hintereinander ergeben das Kirchenschiff.

Kämpfer

Die Zone bei einer Stütze, in der die Krümmung eines Bogens oder Gewölbes beginnt. In der Romanik schließt der Kämpfer oft das Kapitell nach oben ab. Später verschmelzen Kapitell und Kämpfer zu einer einzigen Form.

Kapitell
Ein Kapitell ist das ausladende Kopfstück einer Stütze. Der Begriff ist vom lateinischen capitulum bzw. capitellum abgeleitet, was ›Köpfchen‹ heißt. Das Kapitell vermittelt zwischen der Stütze und der Last, die sie trägt. Es gibt eine Vielzahl von Kapitellformen. In ottonischer Zeit entsteht das Würfelkapitell.

Krypta
Die Krypta ist ein Raum, der meistens unter der Kirche liegt. Häufig liegt die Krypta im Osten unter dem Chor und diente oft dem Grab- und Reliquienkult. Da die frühen Krypten als Gang ausgebildet waren und erst später zu einem (Aufenthalts-)Raum wurden, nimmt man an, daß Krypten entwickelt wurden, um den Pilgergruppen zu ermöglichen, am Grab des Heiligen vorbeizugehen, ohne den Gottesdienst zu stören. Aus der Romanik sind viele Krypten überliefert. Nach der staufischen Zeit (bis 1250) werden sie seltener.

Lettner
Der Lettner ist eine steinerne oder hölzerne Raumschranke, die den Chor als Raum der Geistlichen von der Laienkirche im Langhaus trennt. Der Lettner diente zugleich als Bühne, etwa zum Verlesen der Evangelien. Vor ihm steht im Westen der Volksaltar.

Lisene
Eine Lisene ist eine leicht vortretende Mauervorlage zur optischen Gliederung der Wand. Sie hat im Unterschied zum Pilaster selten eine Basis, (meist) keinen Kämpfer und kein Kapitell.

Mittelschiff
Das Mittelschiff ist die mittlere, von Scheidarkaden seitlich abgegrenzte Raumeinheit einer mehrschiffigen Anlage.

Obergaden
Der Obergaden ist der bei einer Basilika erhöhte, durchfensterte Mauerteil der Mittelschiffwand.

Pfeiler
Der Pfeiler ist ebenso wie die Säule eine Stütze. Im Unterschied zur Säule hat der Pfeiler aber kein Kapitell. Er schließt meist mit einem Kämpfer ab, der vorkragend (hervorstehend) und profiliert sein kann. Der Kämpfer hat die Aufgabe, den Gewölbeschub auf den Pfeiler abzuleiten, wobei die Auskragung rein dekorative Funktion hat.

Querhaus und Querschiff
Das Querhaus oder Querschiff ist der quer zur Kirche ausgerichtete Bauteil. Das Querschiff hat die gleiche Deckenhöhe wie das Mittelschiff, während das Querhaus niedriger sein und auch aus mehreren baulichen Einheiten bestehen kann.

Saal, Saalkirche
Der Begriff bezeichnet einen Bautyp. Ein Saal ist ein Raum, der nicht durch Stützen untergliedert ist, also ein Einraum. Dies ist die einfachste und älteste Raumform, in der die frühen Dorfkirchen und Kapellen, versehen mit einer Apsis oder einem Rechteckchor, gebaut wurden.

Säule
Eine Säule ist eine besondere Form der Stütze. Im Unterschied zum Pfeiler handelt es sich bei der Säule um ein rundplastisches Element, das ein Kapitell trägt. Eine Säule besteht aus: Basis, Säulenschaft, Kapitell, Kämpfer. Im Unterschied zum umgangssprachlichen Gebrauch des Begriffes wird bei mittelalterlichen Bauteilen zwischen Säule und Pfeiler unterschieden.

Seitenschiff
Ein Seitenschiff ist eine parallel zum Mittelschiff gelegene Raumeinheit bei mehrschiffigen Anlagen. Normalerweise besitzt ein romanischer Kirchenbau zwei Seitenschiffe.

Stil
Unter Stil – wie zum Beispiel ›ottonischer Stil‹ – versteht man die Summe der Eigenschaften, die mehreren Werken gemeinsam sind (nach Heinrich Wölfflin und Alois Riegel). Man benutzt den Begriff, um einzelne formgleiche Kunstwerke unterscheiden zu können. Es gilt folglich, Stil und Form unabhängig voneinander zu betrachten, obwohl sie eng miteinander verbunden sind. Ein neuer Stil kann neue Formen hervorbringen, aber allein die Angabe des Stils ist zu grob, um einem Kunstwerk gerecht zu werden.

Triumphbogen
Als Triumphbogen bezeichnet man den Bogen, der den Chor von der Vierung oder vom Langhaus trennt.

Turm
Ein Turm an Kirchen oder auf Burgen dient in erster Linie der Repräsentation. Je höher der Turm ist, desto mächtiger will sich sein Bauherr darstellen.
Ein Vierungsturm ist der Turmaufbau, der sich über der Vierung befindet und deshalb statisch besonders heikel ist, weil er keinen durchgehenden Unterbau hat, und seine Last nach außen abgeleitet werden muß.

Vierung
Als Vierung bezeichnet man den Raumteil, der an der Schnittstelle von Langhaus und Querhaus entsteht. Auf Grundrissen kann man Vierungen an dem quadratischen Feld erkennen. Will man die Vierung genau beschreiben, unterscheidet man zwischen ›ausgeschiedener‹ und ›abgeschnürter‹ Vierung.
Bei der ausgeschiedenen Vierung sind die Raumhöhen der angrenzenden Bauteile gleich hoch und breit. Nur dann ergibt sich als Vierung ein Quadrat. Bei einer solchen Durchdringungsform verlaufen die Mauern in einer vertikalen Ebene. Die erste erhaltene, nachweisbare Vierung findet sich in der ottonischen Kirche St. Michael in Hildesheim (1010–1033). Die abgeschnürte Vierung hingegen ist ein Rechteck – sie kann somit auch ein Quadrat sein. Die angrenzenden Räume müssen nur annähernd gleich hoch sein, und die Vierung ist durch Mauerzungen abgesetzt. Das bedeutet, daß die Mauern nicht fluchten.

Reisehinweise

Wer die Baukunst in Sachsen-Anhalt bereist, kann getrost mit einem Koffer voller Bücher ins Blaue hinein fahren. Pensionen, Gasthöfe, private Unterkünfte und Hotels stehen in allen Preisklassen zur Verfügung. Wer sich außerhalb der sommerlichen Reisesaison auf den Weg begibt, wird viele Baudenkmale in aller Stille und alleine genießen können.

Allgemeine Informationen erhält man in der Landeshauptstadt Magdeburg:

Landesmarketing
Sachsen-Anhalt GmbH,
Am Alten Theater 6
39104 Magdeburg
Tel. 0391/7384333
Fax 0391/7384310

In der Reihe ›monumente edition‹ der Deutschen Stiftung Denkmalschutz sind bisher zwei Bände erschienen:

Angela Pfotenhauer
Barock in Sachsen
144 Seiten
220 meist farbige Abbildungen
Bonn 2000
Format 21 × 29,7 cm
Broschur DM 19,40
ISBN 3-9804890-9-4
Festeinband DM 29,50
ISBN 3-935208-01-4

Angela Pfotenhauer
Backsteingotik
144 Seiten
223 meist farbige Abbildungen
Bonn 1999
Format 21 × 29,7 cm
Broschur DM 18,90
ISBN 3-9804890-7-8
Festeinband DM 29,50
ISBN 3-935208-00-6

Benutzte Literatur

Verwendete Kataloge

Europas Mitte um 1000. Hsg.: Alfried Wieczorek und Hans-Martin Hinz. 3 Bde. Stuttgart 2000 (zit.: Kat. Europas Mitte)

Europas Kunst um 1000. 950–1050. Hsg.: Liana Castelfranchi Vegas. Regensburg 2001

Krönungen. Könige in Aachen – Geschichte und Mythos. Hsg.: Mario Kramp. 2 Bde. Mainz 2000

799 – Kunst und Kultur der Karolingerzeit. Karl der Große und Papst Leo III. in Paderborn. Hsg.: Christoph Stiegemann und Matthias Wemhoff. Mainz 1999

Quellen für die Ottonenzeit

Thietmar von Merseburg: Chronicon. Chronik. Neu übertragen und erläutert von Werner Trillmich. Darmstadt 1957, 1962 (= Freiherr-vom-Stein-Gedächtnisausgabe Bd. 9)

Widukind von Corvey: Res gestae Saxonicae. Die Sachsengeschichte. Hsg. und Übersetzer: Ekkehart Rotter und Bernd Scheidmüller. Stuttgart 1992 (2. Auflage)

Der ›Dehio‹

Georg Dehio: Handbuch der Deutschen Kunstdenkmäler. Sachsen-Anhalt. Band I (1990) und II (1999). München, Berlin

Überblicksdarstellungen

Johannes Laudage: Otto der Große (912–973). Eine Biographie. Regensburg 2001

Gerd Althoff: Die Ottonen. Königsherrschaft ohne Staat. Stuttgart, Berlin, Köln 2000

Jutta Gladen: Auf den Spuren Ottos des Großen. Eine historische Entdeckungsreise entlang der Straße der Romanik. Halle/Saale 2001

Walter Merfert: An Elbe und Saale, zwischen Hakel und Heide. Sachzeugen der Kulturgeschichte – ein Kunstreisenbegleiter. Aus: Beiträge zur Kulturgeschichte der Magdeburger Börde und ihrer Randgebiete. Band 1, Oschersleben 1999

Walter Wulf: Romanik in der Königslandschaft Sachsen. Würzburg 1996

Aufsatzsammlungen

Memleben. Königspfalz – Reichskloster – Propstei. Hsg.: Helge Wittmann. Petersberg 2001 (zit.: ›Autor‹ in: Wittmann 2001)

Form und Stil. Festschrift für Günther Binding zum 65. Geburtstag. Hsg.: Stefanie Lieb. Darmstadt 2001 (zit.: ›Autor‹ in: Binding 2001)

Helmut Asmus und Manfred Wille: 1200 Jahre Stadtgeschichte Magdeburgs. Von der Kaiserpfalz zur Landeshauptstadt. Band 1, Magdeburg 2000

Ein Überblick über die ›Straße der Romanik‹

Eberhard Czaya: Die Straße der Romanik in Sachsen-Anhalt. Köln 1998

Zur Geschichte der Denkmalpflege

Peter Findeisen: Geschichte der Denkmalpflege. Sachsen-Anhalt. Von den Anfängen bis in das erste Drittel des 20. Jahrhunderts. Berlin 1990

Ein ›Klassiker‹

Hans Jantzen: Ottonische Kunst. München 1947, Berlin 1990

Überblick über Krypten

Ulrich Rosner: Die ottonische Krypta. Diss. Köln 1991

Überblick über Pfalzen

Günther Binding: Deutsche Königspfalzen von Karl dem Großen bis Friedrich II. (765–1240). Darmstadt 1996

Ältere, gleichwohl grundlegende Literatur wird an dieser Stelle nicht genannt, denn die neueren Titel führen die älteren in ihren Literaturverzeichnissen auf. Ähnliches gilt für die Fülle der Aufsätze in Denkmalzeitschriften. Auch auf die Aufnahme kleiner Kunststättenhefte und Broschüren wurde verzichtet. Sie liegen vor Ort in den Denkmalen zum Kauf aus. Gleiches gilt für die Fülle an Literatur zu den Ottonen, zur ›Straße der Romanik‹ und anläßlich des ›Ottonenjahres‹, die der Buchhandel und die Fremdenverkehrsämter bereit halten.

Im Text wird zitiert in Form von ›Autor Jahr, Seitenzahl(-en)‹.

Hier fördert die Deutsche Stiftung Denkmalschutz

Die Deutsche Stiftung Denkmalschutz hat bis Anfang 2001 rund 1.700 Baudenkmale gefördert, davon über 250 allein in Sachsen-Anhalt. Dazu gehö-ren Bauernhäuser, Dorfkirchen, Burgen, Schlösser. Die folgenden zählen zu den romanischen Bauten. Die Jahresangaben beziehen sich auf das Jahr, in dem die Fördersumme verbaut wurde.

Alleringersleben, Dorfkirche
1998: 47.000 DM

Arendsee, ehem. Klosterkirche
s. S. 134. 2000: 75.000 DM

Axien, Dorfkirche
1997 bis 2000: 280.000 DM

Beyendorf, Dorfkirche (nur teilweise noch spätromanisch)
1993: 19.000 DM

Brumby, Dorfkirche
2000: 85.000 DM

Diesdorf, Klosterkirche (spätromanisch)
s. S. 135. 2000: 17.000 DM

Drübeck, ehem. Klosterkirche
s. S. 128. Kirche (und jüngeres Antependium) 1995 bis 1998: 167.000 DM

Esperstedt, Dorfkirche (romanisch ist nur noch der Westquerturm)
2001: 75.000 DM

Gernrode, St. Cyriakus
Gründung einer Treuhänderischen Stiftung, s. S. 40

Halberstadt, Unser Lieben Frauen
s. S. 82. 1993 bis 1995: 1,5 Millionen DM

Halberstadt, Dom: Fenster, Triumphkreuz, Marienkapelle, Domschatz
s. S. 88. Zwischen 1993 bis 1999: rd. 665.000 DM

Halle-Büschdorf, Dorfkirche
1995 und 1997: 54.000 DM

Havelberg, Dom und Konventgebäude
s. S. 58. 1993, 1994 und 1996: rd. 407.000 DM

Arendsee

Diesdorf

Drübeck

Hecklingen, St. Georg
s. S. 132. 1993: 94.000 DM

Hohlstedt, Dorfkirche (nur der Wehrturm ist noch romanisch)
1994: 10.000 DM

Ilsenburg, Kloster und Klosterkirche
Ab 2001, voraussichtlich Kloster mit 300.000 DM, Kirche mit 80.000 DM

Isterbies, Dorfkirche
1996 und 1997: 16.000 DM

Jerichow, Klosterkirche
s. S. 61. 1999 und 2000: 348.000 DM

Keutschen, Dorfkirche
1994 und 1995: 162.000 DM

Landsberg, Doppelkapelle
s. S. 100. 1993, 1996, 1998 und 1999: rd. 329.000 DM. Außerdem Gründung einer Treuhänderischen Stiftung

Leitzkau, Dorfkirche
1992 und 1993: 125.000 DM

Magdeburg, Dom, Kreuzgang
s. S. 30. 1992, 1999 und 2000: 200.000 DM

Magdeburg, Kloster Unser Lieben Frauen mit Kreuzgang
1999 und 2000: 100.000 DM

Melkow, Dorfkirche
s. S. 113. 1997: 21.000 DM

Memleben, Klosterruine
s. S. 20. 1993, 1995–1998 und 2000: 960.000 DM

Halberstadt

Havelberg

Hecklingen

Merseburg, Dom, Kreuzgang
s. S. 50. 1992, 1994, 1995 und 1999: 459.000 DM

Naumburg, Dom
s. S. 92. 1992, 1993 und 1999: 325.000 DM. 1992 wurde auch das Domherrenhaus gefördert.

Naumburg St. Wenzel
1991–1994, 1996 und 1998: 1.471.000 DM. Außerdem 2000: barocke Orgel

Nedlitz, Dorfkirche
1992–1994, 1998 und 1999: 315.000 DM

Oebisfelde, Sumpfburg
1992: 187.000 DM

Osterwieck, St. Stephani
s. S. 78. 1992, 1994 und 1996: 423.000 DM. Außerdem Bürgerhausprogramm: 1995– 1997: 477.000 DM

Petersberg, Stiftskirche
s. S. 122. 1992–1995 und 1998: 799.000 DM. Außerdem Stiftsgebäude 1999

Quedlinburg als Fachwerkstadt wird seit 1991 kontinuierlich gefördert, s. S. 66.
St. Benedikti
1998–1990: 270.000, für 2001 vorgesehen: 125.000 DM
St. Blasii
1991, 1992 und 1999: 1.082.000 DM, für 2001 weiter zur Förderung vorgesehen
St. Nikolai
1999 und 2000: 125.000 DM durch Treuhänderische Stiftung
St. Wiperti
1998: 70.000 DM

Riestedt, Dorfkirche
1996, 1998–2000: 210.000 DM

Jerichow

Landsberg

Memleben

Quedlinburg

Wiepke

Salzfurtkapelle, Dorfkirche
1992 und 1996: 83.000 DM

Sangerhausen, Ulrichkirche
1993–1995: 700.000 DM

Schulpforta, heute gotische Klosterkirche, Gotisches Haus, spätere Bibliothek
1991–1994 und 1996: rd. 2,1 Millionen DM

Seehausen, Dorfkirche
s. S. 108. 2001: 20.000 DM durch zweckgebundene Spende

Schwerz, Dorfkirche, Westturm
1996–1997: 180.000 DM

Stendal, Dom
1992, 1993, 1995, 1998 und 2000: rd. 780.000 DM (Außerdem Marienkirche und Bürgerhausprogramm)

Stötterlingenburg, ehem. Klosterkirche
1993: 200.000 DM

Webau, Dorfkirche
1996 und 2000: 105.000 DM

Wiepke, Dorfkirche
s. S. 109. 1995: 134.000 DM

Wust, ehem. Dorfkirche
s. S. 112. 1993 und 1999: 74.000 DM

Zeitz, Dom (heute gotisch)
s. S. 48. 1991–1993: 1.268.000 DM. Außerdem Franziskanerkirche, Moritzburg, Bürgerhausprogramm

monumente edition

Romanik in Sachsen-Anhalt

Herausgeber
Deutsche Stiftung Denkmalschutz Bonn

Chefredakteur monumente
Friedrich Ludwig Müller

Konzeption, Redaktion, Text, Gestaltung
Elmar Lixenfeld, Angela Pfotenhauer
Büro für Redaktion und Gestaltung
Köln und Frankfurt am Main

Als Quellen dienten neben der angegebenen Literatur die Unterlagen zu den Förderprojekten der Deutschen Stiftung Denkmalschutz, Bonn.

Titelbild: Gernrode, St. Cyriakus
Umschlaginnenseiten: Memleben, Krypta (vorn) Landsberg, Kapitell (hinten)
Rückseite: Halberstadt, Chorschranken

Abbildungen
Titelbild, Rückseite, Umschlaginnenseiten sowie die meisten Abbildungen fotografierten
Sigrid Schütze-Rodemann und Gert Schütze, Halle /Saale.
Die Deutsche Stiftung Denkmalschutz
dankt den Fotografen für ihre Unterstützung.

Schütze-Rodemann, Halle/Saale: Seite 1, 3, 4/5, 10 o, 11 o, 13 o, 13 u, 14, 15 o, 16, 17, 18 o, 18 u, 19, 20, 21, 22/23, 24, 27, 28/29, 29 o, 30, 31, 32, 34, 35 o, 36 u, 37, 38, 39 o, 40, 41, 42 o, 43, 45, 46, 47, 48, 49, 50/51, 52, 53 o, 53 u., 54, 55, 56/59, 60, 61, 62 o, 63, 64/65, 67, 68/69, 70/71, 72, 73 o, 74/75, 84, 85, 88 o, 89, 90, 91, 92, 93 o, 96, 97, 99, 100 o, 101, 102, 103, 104/105, 106, 107 o, 109 u, 110, 112 o, 113, 114/115, 116, 117 o, 117 u, 118, 119, 120 o, m, u, 121, 122, 123 u, 125, 126 o, 127, 129, 130, 131, 132 l, 132 r, 133 ol, 133 or, 133 ur, 134 o, 134 u, 135, 136 u, 136/137, 142–143 alle
Marie-Luise Preiss/Deutsche Stiftung Denkmalschutz, Bonn: 10 u, 15 ul, 15 ur, 76 o, 76 u, 77 o, 77 u, 79, 80 o, 80 u, 81 ol, 81 or, 82, 83, 87, 94, 95, 98, 123 o, 124 o
Projektarchiv der Deutschen Stiftung Denkmalschutz: 109 o
Florian Monheim, www.Bildarchiv-Monheim.de: 8 o, 8 u, 9 u, 62 ur, 62 um, 62 ur
Pit Siebigs/Domkapitel Aachen (und aus Katalog Krönungen, Hsg: Mario Kramp, 2000): 6 o, 6 ul, 9 o, 9 u, 12 o, 12 u
Stadtkonservator Köln: 8 m
Interessengemeinschaft ›Natur- und Heimatfreunde‹ Walbeck: 26
Kulturhistorisches Museum Magdeburg: 36 o
Elmar Lixenfeld: Landkarte Seite 7, Stammbaum Seite 56/57, 6 ur, 107 u, 108, 111, 112 u, 140 l, 140 r
Grundrisse: aus den Förderprojektakten der Deutschen Stiftung Denkmalschutz, wenn nicht anders ausgewiesen, mit freundlicher Genehmigung des Landesamts für Denkmalpflege Sachsen-Anhalt und des Deutschen Kunstverlags München, Berlin

Druck: Salzland Druck, Staßfurt

1. Auflage 2001
ISBN 3-935208-05-7

monumente Publikationen der Deutschen Stiftung Denkmalschutz
Leitung: Gerlinde Thalheim
Dürenstraße 8, 53173 Bonn, Tel. 0228/95 73 5-0, Fax 0228/95 73 5-28
www.monumente.de
Bestellungen: A. Giannakoglou

DEUTSCHE STIFTUNG DENKMALSCHUTZ

Die Deutsche Bibliothek - CIP-Einheitsaufnahme
Romanik in Sachsen-Anhalt / Hrsg.: Deutsche Stiftung Denkmalschutz. Angela Pfotenhauer. - Bonn : Dt. Stiftung Denkmalschutz, Monumente-Publ., 2001 (Monumente-Edition)
ISBN 3-935208-05-7